3 0022 00036396 8

LESTER B. PEARSON HIGH SCHOOL
RESOURCE CENTRE
1433 HEADON ROAD
BURLINGTON, ONTARIO
L7M 1V7

La Révolution Française

La Révolution Française

Édité par :
Éditions Glénat
© Éditions Atlas, MCMXCVI et MCMXCVIII
© Éditions Glénat, pour l'adaptation, MMIV

Services éditoriaux et commerciaux :
Éditions Glénat – 31-33, rue Ernest Renan
92130 Issy-les-Moulineaux

Cet ouvrage est une édition partielle de l'encyclopédie
« Astérix et l'Histoire de France » publiée par les Éditions Atlas.

Maquette de couverture : Les Quatre Lunes

Crédits :
Couverture :   Jean Trolley, Benoît du Peloux et Philippe Chapelle.
Intérieur :
Benoît du Peloux   pages 6, 10, 12, 20, 22, 26, 32, 38, 42, 50, 58, 60, 64, 68, 74, 78, 80, 84, 88, 90,
                    98, 100, 106, 110, 112, 116, 130, 134, 144, 154, 168, 170, 176, 184, 190, 192, 194
                    et les rubriques « Quiz » de la première partie.
Dominique Hé   page 142.
Jean Trolley   pages 16, 94, 146, 160, 162, 166, 172, 174, 188.
Jean-Pierre Joblin pages 18, 24, 30, 46, 48, 52, 54, 56, 62, 118, 120, 124, 132, 148, 150, 156, 158,
                    182, 186, 196, 198.
Nicolas Barral   pages 28, 34, 92, 114, 128, 138, 140.
Philippe Aymond   page 178.
Philippe Bourgne   page 82.
Philippe Chapelle   pages 36, 40, 44, 66, 70, 72, 76, 86, 102, 108, 122, 126, 136, 152, 164, 180, 200
                    et les rubriques « Quiz » de la deuxième partie.
Richard Martens   page 14.
Sandro Masin   page 104.

Tous droits réservés pour tous pays

Loi n° 49-956 du 16 juillet 1946 sur les publications destinées à la jeunesse
Imprimé en Italie
Achevé d'imprimer : septembre 2004
Dépôt légal : septembre 2004
ISBN : 2-7234-4886-X

INTRODUCTION

Commencée par les notables mais relayée avec force par le peuple, la Révolution française marque une étape cruciale de notre histoire. La fin de l'Ancien Régime et la naissance de la République font de la France la patrie de la liberté et de l'égalité. Les dix années révolutionnaires déchirent le pays et s'achèveront par la prise du pouvoir de Napoléon.

Cinquième tome de la collection *Histoire de France*, cet ouvrage va répondre à toutes sortes de questions concernant cette période : que rédigent les Français pour manifester leur mécontentement, qui sont les Français membres du Tiers-Etat, que font les paysans pendant la Grande Peur, quel est le nom du plus célèbre club révolutionnaire, qu'a inventé le docteur Guillotin, où le révolutionnaire Marat a-t-il été poignardé ?

L'ÉDITEUR

SOMMAIRE

La Révolution française : 9
une étape cruciale de l'Histoire de France

De la Terreur à Bonaparte 97

La Révolution française : une étape cruciale de l'Histoire de France

La Journée des Tuiles à Grenoble

Le parlement de Grenoble dénonce la monarchie absolue de Louis XVI et refuse d'exécuter ses décisions.

LES DATES

1369
Le Dauphiné devient français

8 MAI 1788
Les parlements perdent leur droit d'enregistrement

7 JUIN 1788
Journée des Tuiles

L'HISTOIRE DE FRANCE

Les pouvoirs des parlements
La France compte 8 parlements en 1789. Ces derniers sont chargés d'enregistrer les décisions du roi, qui deviennent alors des lois du royaume. Ils peuvent présenter des remontrances, c'est-à-dire critiquer le texte et même le refuser. Mais le roi peut les obliger à l'enregistrer par un lit de justice.

Six heures d'émeutes à Grenoble
Le 8 mai 1788, le roi décide d'ôter aux parlements le droit d'enregistrement et donc de discuter ses décisions. À Grenoble, la révolte gronde et le roi donne l'ordre d'exiler les parlementaires. Lorsque la troupe arrive, la foule réunie sur les toits bombarde les soldats avec des tuiles.

L'annonce de la Révolution
Devant l'opposition du Dauphiné, le roi doit convoquer les états provinciaux, c'est-à-dire une assemblée regroupant des députés du tiers état, de la noblesse et du clergé. À cette occasion, Mounier, l'un des futurs rédacteurs de la «Déclaration des droits de l'homme», se distingue déjà.

Le roi contre les parlementaires
Le roi s'oppose dès 1787 aux parlements de Paris et de province qui refusent la création de nouveaux impôts que seuls les états généraux peuvent consentir. L'opposition est si forte dans le pays que Louis XVI capitule finalement et convoque les états généraux pour le 1er mai 1789.

LE DAUPHINÉ DANS LA RÉVOLUTION
Le Dauphiné et la proximité de Grenoble seront touchés par la «Grande Peur» de l'été 1789. Les paysans sont persuadés que des brigands payés par les nobles vont piller leur récolte ; ils ripostent en attaquant 80 châteaux. Finalement, deux paysans sont pendus et le mouvement s'arrête.

QUIZ

LA VIE QUOTIDIENNE
Comment appelle-t-on les critiques faites par le Parlement à un texte du roi ?
- ☐ les remontrances
- ☐ les amendements
- ☐ les blâmes

LES FAITS ET LES ÉVÉNEMENTS
Quelle sanction est prise contre les parlementaires grenoblois ?
- ☐ ils sont emprisonnés
- ☐ ils sont exilés
- ☐ ils sont exécutés

LES HÉROS
Quel personnage important de la Révolution fait son apparition à Grenoble ?
- ☐ Robespierre
- ☐ La Fayette
- ☐ Mounier

LES GUERRES ET LES BATAILLES
Comment s'achève la lutte entre le roi et les parlementaires ?
- ☐ le roi doit convoquer les états généraux
- ☐ le roi fait dissoudre le Parlement
- ☐ les parlementaires sont arrêtés

LES SITES ET LES LIEUX
Quel événement touche le Dauphiné, l'été 1789 ?
- ☐ un orage de grêle
- ☐ la «Grande Peur»
- ☐ une invasion des Suisses

8 AOÛT 1788
Convocation des états généraux pour mai 1789

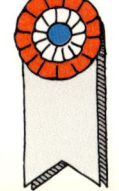
5 MAI 1789
Ouverture des états généraux

14 JUIL. 1789 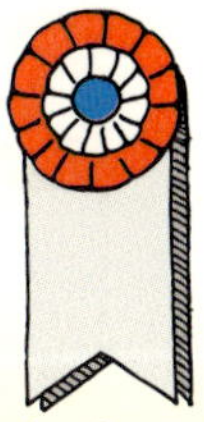
Prise de la Bastille

LA RÉVOLUTION FRANÇAISE

La France entière écrit ses doléances au roi

La noblesse s'oppose aux réformes et contraint Louis XVI à convoquer les états généraux.

LES DATES

JUIL. 1787

Le Parlement de Paris demande la convocation des états généraux

AOÛT 1788

Louis XVI convoque les états généraux

HIVER 1788-89

Rédaction de

L'HISTOIRE DE FRANCE

Une occasion pour le petit peuple
Depuis 1484, la réunion des états généraux est toujours précédée de la rédaction de cahiers de doléances dans lesquels le pays exprime ses plaintes et sa volonté de réformes. Ainsi, en 1789, les électeurs du tiers état demandent la suppression des droits féodaux et une justice plus simple et plus équitable.

Les trois ordres
Les Français, sous l'Ancien Régime, sont divisés en trois ordres très inégaux : le clergé, fort de 130 000 membres, est dispensé d'impôt direct ; la noblesse, qui comprend 350 000 personnes, a des droits de justice et perçoit des droits seigneuriaux ; le tiers état compte 27 millions de Français sans privilèges.

Une France en crise
La France connaît une très sévère crise économique en 1788. Les moissons sont médiocres et la disette menace. Des émeutes de la faim éclatent en province. Dans les villes, le chômage et la misère s'étendent. C'est dans cette atmosphère que pendant l'hiver 1788-89 sont rédigés les cahiers de doléances.

Le roi cède devant la noblesse
Le royaume doit trouver de l'argent. Le chancelier Lamoignon veut taxer les propriétaires terriens et heurte ainsi les privilégiés qui rappellent que le vote de l'impôt appartient aux états généraux. En août 1788, Louis XVI supprime la réforme de Lamoignon et convoque les états généraux.

LA FRANCE COUVERTE DE CAHIERS
Chaque bailliage ou sénéchaussée, c'est-à-dire chaque circonscription, et chaque ordre, c'est-à-dire le tiers état, le clergé et la noblesse, disposent de cahiers à la disposition de leurs électeurs. Une fois élus, les députés ont la quasi-obligation de défendre ces programmes à l'Assemblée.

QUIZ

LES FAITS ET LES ÉVÉNEMENTS
Que demande le tiers état dans les cahiers de doléances ?
- ☐ plus de vin à la cantine
- ☐ l'abolition des droits féodaux
- ☐ le retour des jeux du cirque

LA VIE QUOTIDIENNE
Quel privilège possède le clergé ?
- ☐ il ne paye pas d'impôt direct
- ☐ il a des congés payés
- ☐ ses membres tutoient le roi

LES SITES ET LES LIEUX
En 1788, quels noms portent les circonscriptions en France ?
- ☐ les arrondissements
- ☐ les bailliages et sénéchaussées
- ☐ les départements

LES IDÉES, LES PHILOSOPHIES ET LES RELIGIONS
Quelle projet de réforme entraîne l'opposition des privilégiés ?
- ☐ l'impôt sur la fortune
- ☐ la taxation des terres
- ☐ l'interdiction de la chasse à cour

LES GUERRES ET LES BATAILLES
Quels troubles éclatent en France en 1788 ?
- ☐ des manifestations étudiantes
- ☐ une grève de la poste
- ☐ des émeutes de la faim

 des cahiers doléances |  MARS 1789 — Élections aux états généraux |  5 MAI 1789 — Séance d'ouverture des états généraux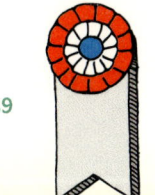

La Fayette commandant de la Garde nationale

Le héros du Nouveau Monde, ambitieux et révolutionnaire modéré, meurt sous les honneurs à l'âge de 77 ans célébré en France et aux États-Unis.

LES DATES

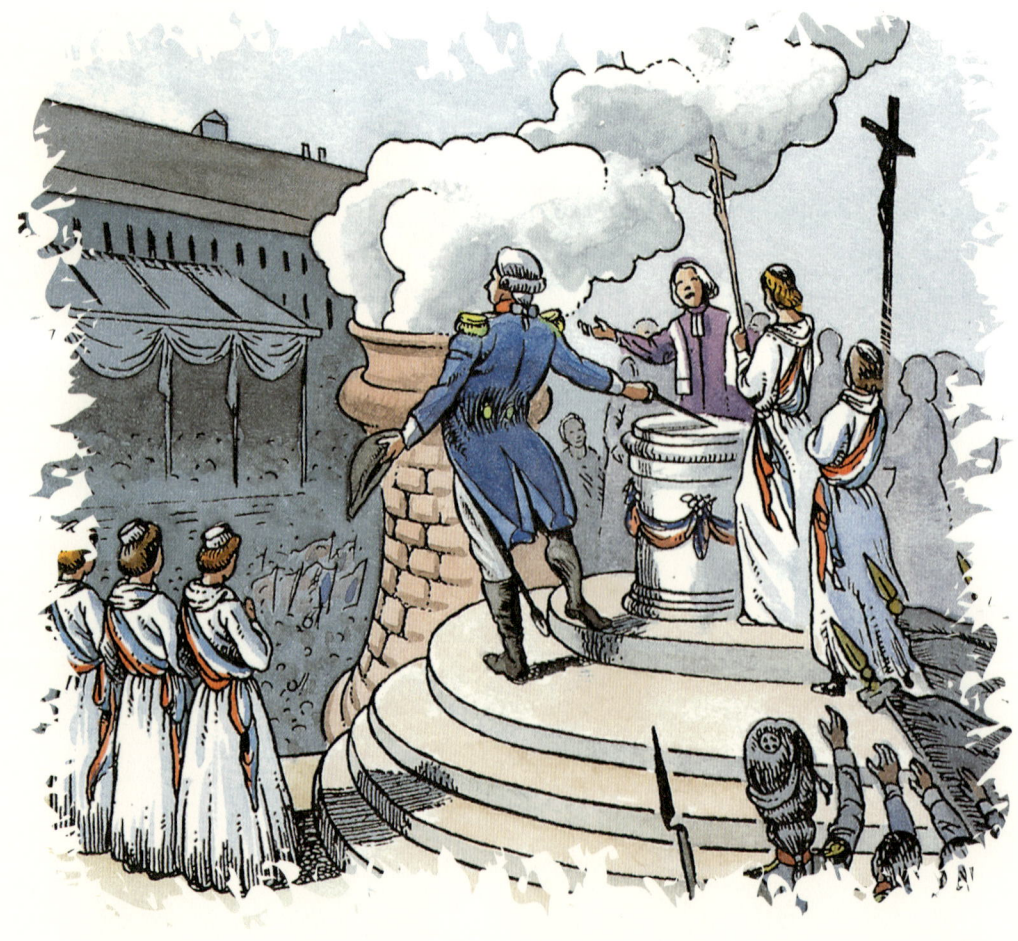

1757	1777	1789
Naissance de La Fayette	La Fayette en Amérique	Création de la garde nationale

L'HISTOIRE DE FRANCE

La naissance de la Garde
Au mois de juillet 1789, le comité des électeurs de Paris lève une milice de 48 000 hommes qui reçoit le commandement de La Fayette. La Garde nationale est née car l'exemple est imité dans toute la France et, en février 1790, l'assemblée constituante la rend officielle.

Le rôle de la Garde
La Garde nationale prend rapidement de l'ampleur et, à partir d'octobre 1791, tous les citoyens actifs et leurs enfants d'au moins 18 ans doivent faire partie de la Garde nationale. Les officiers sont élus. L'activité principale de cette nouvelle institution est le maintien de l'ordre et la lutte contre les royalistes.

La fusillade du Champ-de-Mars
La Fayette est très populaire jusqu'au 17 juillet 1791. Ce jour-là, il fait tirer sur la foule réunie au Champ-de-Mars pour demander la déchéance de Louis XVI. Il y a plus de trente morts. La Fayette devra finalement démissionner de son commandement au mois d'octobre 1791.

La prison plutôt que l'échafaud
La Fayette est favorable à la monarchie constitutionnelle, c'est-à-dire à un régime qui associe le roi et l'assemblée. Le 10 août 1792, il refuse d'accepter la chute de la monarchie et décide de se constituer prisonnier chez les Autrichiens pour éviter l'échafaud en France.

LE HÉROS DU NOUVEAU MONDE
Le marquis de La Fayette est né en 1757. Mousquetaire à 14 ans, il part aux États-Unis alors en guerre contre l'Angleterre et prend une part active à leur lutte pour l'indépendance. De retour en France en 1785, il est élu aux états généraux en 1789 et prend le commandement de la Garde nationale en juillet.

QUIZ

LES FAITS ET LES ÉVÉNEMENTS
Qui organise une milice à Paris en 1789 ?
- le conseil municipal
- le comité des électeurs
- le comité des fêtes

LA VIE QUOTIDIENNE
Quelle est l'activité principale de la garde nationale ?
- l'organisation du 14 juillet
- le maintien de l'ordre
- la lutte contre l'alcoolisme

LES HÉROS
Dans quel pays La Fayette est-il un héros de l'indépendance ?
- en Suisse
- au Brésil
- aux États-Unis

LES GUERRES ET LES BATAILLES
Que fait La Fayette au Champ-de-Mars en juillet 1791 ?
- il promène son chien
- il fait visiter Paris à des touristes
- il fait tirer sur la foule

LES IDÉES, LES PHILOSOPHIES ET LES RELIGIONS
Quel type de régime défend La Fayette ?
- la monarchie absolue
- la République
- la monarchie constitutionnelle

17 JUIL. 1791
Fusillade du Champ-de-Mars

AOÛT 1792
La Fayette se rend aux Autrichiens

1834
Mort de La Fayette

Mirabeau, un révolutionnaire fidèle au roi

Après avoir été honoré par les révolutionnaires, le comte de Mirabeau est finalement accusé de trahison.

1749 — Naissance de Mirabeau

1789 — Député aux états généraux

1790 — Conseiller

L'HISTOIRE DE FRANCE

Un personnage original
Honoré Gabriel Riquetti, comte de Mirabeau, se distingue surtout jusqu'en 1789 par sa vie scandaleuse. Élu par le tiers état, il s'impose rapidement par ses talents de tribun. Il est aussi un des artisans de l'abolition des droits féodaux, le 4 août 1789. Il meurt en 1791.

La correspondance avec Louis XVI
Mirabeau meurt en avril 1791. Son corps est alors déposé au Panthéon en mémoire de son rôle. Cependant, en novembre 1793, lors du procès du roi, il en est retiré après la découverte de l'armoire secrète des Tuileries renfermant sa correspondance avec Louis XVI.

Une vie de scandales
Avant 1789, Mirabeau mène une existence scandaleuse. Entré dans l'armée en 176, il a des dettes de jeu, boit beaucoup et finit par déserter. Plus tard, il s'enfuit avec une femme mariée mais il est rattrapé et condamné à trois ans de prison alors que la dame doit entrer au couvent.

Un conseiller secret de Louis XVI
Mirabeau est partisan d'une monarchie constitutionnelle, c'est-à-dire d'un régime dans lequel le roi conserve quelques pouvoirs. À partir de 1790, il devient même le conseiller du roi qui le paie et lui permet de rembourser ses dettes. C'est pourquoi certains le considèrent comme un traître.

UN CÉLÈBRE ORATEUR
Le 23 juin 1789, les députés, réunis dans la salle du Jeu de paume, sont sommés de se séparer. Mirabeau déclare alors au marquis de Dreux-Brézé : «Allez dire au roi que nous sommes ici par la volonté du peuple et nous ne sortirons d'ici que par la puissance des baïonnettes.» Louis XVI s'incline finalement.

QUIZ

LES HÉROS
À quelle réforme fondamentale participe Mirabeau en 1789 ?
- ☐ à l'interdiction de la pratique religieuse
- ☐ l'abolition des droits féodaux
- ☐ à la rédaction d'une constitution

LES GUERRES ET LES BATAILLES
Que fait Louis XVI face aux députés réunis au Jeu de paume ?
- ☐ il s'incline
- ☐ il les fait emprisonner
- ☐ il fait charger la Garde royale

LES FAITS ET LES ÉVÉNEMENTS
Où est d'abord déposé le corps de Mirabeau ?
- ☐ à Notre-Dame
- ☐ au Panthéon
- ☐ dans une fosse commune

LA VIE QUOTIDIENNE
Quelle carrière Mirabeau fait-il dans l'armée ?
- ☐ il devient général
- ☐ il reste simple soldat
- ☐ il finit par déserter

LES IDÉES, LES PHILOSOPHIES ET LES RELIGIONS
Quel est le nom du régime dans lequel le roi conserve des pouvoirs ?
- ☐ l'autocratie
- ☐ la république
- ☐ la monarchie constitutionnelle

 du roi

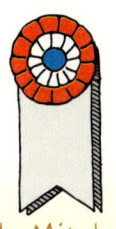 AVRIL 1791 — Mort de Mirabeau

 1793 — Corps de Mirabeau retiré du Panthéon

La société française divisée en ordres

La Révolution transforme les Français en citoyens libres et égaux en droits.

LES DATES

HIVER 1788 - 1789

Rédaction des cahiers de doléances

5 MAI 1789

Ouverture des états généraux

9 JUIL. 1789

Les états généraux Assemblée

L'HISTOIRE DE FRANCE

Une société d'ordres
La société d'Ancien Régime est organisée en ordres très inégaux. Le clergé compte 130 000 membres, la noblesse 300 000 et le tiers état plus de 27 millions. Ce dernier ordre comprend aussi bien les bourgeois très riches que les mendiants. Seuls les serfs, qui sont 1,5 million en 1789, n'en font pas partie.

Des ordres hétérogènes
À la fin du XVIIIe siècle, les différences de fortunes introduisent des divisions à l'intérieur de chaque ordre. Ainsi, de nombreux curés de paroisses, des nobles campagnards sont pauvres alors que parmi le tiers état, le développement du commerce et de l'industrie a enrichi une partie de la bourgeoisie.

Les trois fonctions de l'homme
Dans la société d'Ancien Régime, les ordres ou «estats» étaient considérés comme la répartition inégale de la société voulue par Dieu. La tradition établissait une hiérarchie entre «oratores, bellatores et laboratores», c'est-à-dire ceux qui prient (le clergé), ceux qui combattent (la noblesse) et ceux qui travaillent (tous les autres).

L'inégalité devant l'impôt
Les cahiers de doléances rédigés pour les états généraux de 1789 par le tiers état réclament tous l'abolition des privilèges de la noblesse et du clergé. En effet, seul le tiers état est astreint à payer l'impôt direct de la taille, la dîme au clergé et de très nombreux droits seigneuriaux.

LA FIN DES ORDRES
Dans la nuit du 4 août 1789, les députés de l'Assemblée Nationale abolissent les privilèges. Cette mesure est complétée le 26 août 1789 par la «Déclaration des Droits de l'Homme et du Citoyen» qui proclame la liberté et l'égalité de tous les hommes devant la loi.

QUIZ

LA VIE QUOTIDIENNE
Quel facteurs divisent les membres d'un même ordre ?
- la fortune
- le lieu d'habitation
- le nombre d'enfants

LES FAITS ET LES ÉVÉNEMENTS
Quelles personnes ne font partie d'aucun ordre ?
- les membres de la famille royale
- les serfs
- les étrangers installés en France

LES HÉROS
Quelle est la fonction de la noblesse dans l'Ancien Régime ?
- s'amuser
- combattre
- se reposer

LES GUERRES ET LES BATAILLES
Que réclament les cahiers de doléances du tiers état ?
- du pain et du vin
- un mois de congés payés
- l'abolition des privilèges

LES IDÉES, LES PHILOSOPHIES ET LES RELIGIONS
Que proclame la Déclaration des Droits de l'Homme et du Citoyen ?
- l'égalité de tous devant la loi
- le droit de vote des femmes
- l'ouverture de la chasse toute l'année

se déclarent Nationale

4 AOÛT 1789
Abolition des privilèges

26 AOÛT 1789
Déclaration des Droits de l'Homme et du Citoyen

LA RÉVOLUTION FRANÇAISE

Le 5 mai 1789, Louis XVI ouvre les états généraux

C'est dans une ambiance de crise économique et sociale que le roi décide de convoquer les représentants du peuple français.

LES DATES

1614 — Dernière réunion des états généraux avant la Révolution

5 MAI 1789 — Ouverture des états généraux

9 JUIL. 1789 — Les états généraux en assemblée

L'HISTOIRE DE FRANCE

Une réunion attendue depuis 1614

Le 5 mai 1789, Louis XVI convoque les états généraux. C'est une assemblée élue par les Français et composée des trois ordres ou états : le clergé, la noblesse et tous les autres Français regroupés dans le tiers état. Le vote se fait par ordres et non par têtes.

Des ordres très inégaux

Les états généraux représentent mal les Français. Il y a 291 députés du clergé qui compte 130 000 membres dans le pays ; 270 nobles pour un total de 300 000 et seulement 578 députés du tiers état qui représentent plus de 27 millions de Français.

Des nobles avec le tiers état

Le tiers état veut doubler le nombre de ses représentants et bénéficier d'une voix par député. En effet, les votes se font par ordres, ce qui avantage noblesse et clergé souvent d'accord. Le tiers état est soutenu par des aristocrates libéraux tels La Fayette ou Talleyrand.

Une France en crise

Depuis 1788 la France connaît une grave crise alimentaire. Les pluies et les inondations de 1787, la sécheresse puis la grêle de 1788 ont réduit les récoltes. À partir de 1789, les prix augmentent. Celui du pain double à Paris. Le mécontentement grandit.

LE REFUS DE LA MONARCHIE ABSOLUE

Les députés arrivent à Paris avec les cahiers de doléances rédigés par les Français. Ce sont des revendications exprimées par les électeurs. Ceux du tiers état souhaitent surtout la fin des privilèges accordés aux nobles et la fin de la toute-puissance du roi.

QUIZ

LE CONTEXTE
Quel est le produit dont le prix augmente beaucoup avant la Révolution ?
- le lait
- le pain
- la viande

LA VIE QUOTIDIENNE
Combien de Français sont représentés par le groupe du tiers état ?
- 10 millions
- 25 millions
- 27 millions

LES HÉROS
Quel aristocrate soutient les députés qui ne sont pas nobles ?
- Necker
- Robespierre
- La Fayette

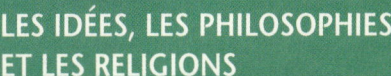

LES IDÉES, LES PHILOSOPHIES ET LES RELIGIONS
Que rédigent les Français avant la réunion des états généraux ?
- des cahiers à colorier
- des cahiers d'écoliers
- des cahiers de doléances

LES FAITS ET LES ÉVÉNEMENTS
Comment appelle-t-on le groupe qui rassemble ceux qui ne sont pas nobles ou membres du clergé ?
- le tiers monde
- le tiers état
- le tiers payant

se transforment nationale

14 JUIL. 1789
Prise de la Bastille

26 AOÛT 1789
Vote de la Déclaration des droits de l'homme et du citoyen

La création de l'Assemblée Nationale

Malgré l'opposition du roi Louis XVI, le tiers état fonde la première Assemblée nationale de l'Histoire de France.

LES DATES

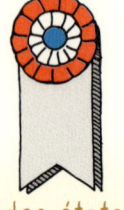

5 MAI 1789

Ouverture des états généraux

17 JUIN 1789

Création de l'Assemblée nationale

20 JUIN 1789

Serment du Jeu de paume

L'HISTOIRE DE FRANCE

La nation tout entière

Les états généraux réunis à partir du 5 mai 1789 rassemblent les trois ordres de la société française : la noblesse, le clergé et le tiers état. Ce dernier groupe représente 95 % des 28 millions de Français. Aussi ses députés se proclament Assemblée nationale le 17 juin 1789.

98 % des Français

Le tiers état comprend tous les Français qui ne sont ni ecclésiastiques ni nobles. Cependant les contrastes sont très forts entre le riche banquier et le paysan misérable. Différence qui explique que le bas clergé pauvre se soit rallié au tiers état dès le début de la Révolution.

Le roi contre l'Assemblée nationale

Louis XVI refuse de reconnaître cette Assemblée nationale et fait fermer la salle de réunion. Le 20 juin, les députés se réunissent alors dans la salle du Jeu de paume. Finalement, le 27 juin, le roi, à contrecœur, invite les députés du clergé et de la noblesse à rejoindre l'Assemblée.

Le partage des pouvoirs

La contestation de l'absolutisme, c'est-à-dire de la toute-puissance du roi, est en particulier l'œuvre du philosophe Montesquieu. En 1748, il publie «l'Esprit des lois», dans lequel il prône la séparation des pouvoirs. Ses thèses inspirent fortement les révolutionnaires en 1789.

UN PRÊTRE PARMI LE TIERS ÉTAT

L'un des personnages les plus influents est l'abbé Sieyès, prêtre mais pourtant député du tiers état aux états généraux. Il publie en 1789 un ouvrage qui fait grand bruit : «Qu'est-ce que le tiers état ?». Il répond par : «Tout.» Il propose alors de proclamer le tiers état Assemblée nationale.

QUIZ

LES FAITS ET LES ÉVÉNEMENTS
Combien la France compte-t-elle d'habitants en 1789 ?
- ☐ 20 millions
- ☐ 28 millions
- ☐ 35 millions

LES HÉROS
Quel est le titre de l'ouvrage de Sieyès ?
- ☐ «Qu'est ce que le tiers état ?»
- ☐ «Qu'est-ce que l'État ?»
- ☐ «Qu'est-ce que c'est que ça ?»

LES IDÉES, LES PHILOSOPHIES ET LES RELIGIONS
Quel philosophe réclame la séparation des pouvoirs ?
- ☐ Rousseau
- ☐ Socrate
- ☐ Montesquieu

LA VIE QUOTIDIENNE
Qui fait partie du tiers état ?
- ☐ un Français sur trois
- ☐ ceux qui ne sont ni nobles ni ecclésiastiques
- ☐ les pauvres seulement

LES GUERRES ET LES BATAILLES
Où se réunissent les députés de l'Assemblée nationale ?
- ☐ dans un café parisien
- ☐ dans la salle du Jeu de paume
- ☐ sous les fenêtres du roi

14 JUIL. 1789
Prise de la Bastille

4 AOÛT 1789
Abolition des privilèges

26 AOÛT 1789
Déclaration des droits de l'homme et du citoyen

Le serment des députés

Dans la salle réservée au jeu de paume, la majorité des députés s'engagent à mettre fin à la toute-puissance du roi.

LA RÉVOLUTION FRANÇAISE

24

LES DATES

5 MAI 1789

Ouverture des états généraux

20 JUIN 1789

Serment du jeu de paume

14 JUIL. 1789

Prise de la

L'HISTOIRE DE FRANCE

Une nouvelle majorité
Le 19 juin 1789, les députés du clergé se joignent à ceux du tiers état, formant ainsi une forte majorité face à la noblesse. Louis XVI ferme alors la salle de réunion. Les deux groupes se rassemblent le 22 juin dans la salle du Jeu de paume et jurent d'établir une nouvelle Constitution qui mettra fin à la monarchie absolue.

Bailly lit le serment
C'est Bailly qui va lire à tous le serment des députés. C'est un astronome réputé, président de l'Assemblée nationale et bientôt maire de Paris. En 1791, il quitte la capitale devant les violences de certains révolutionnaires. Finalement, il sera guillotiné en 1793.

L'Assemblée constituante
La monarchie absolue donnait au roi tous les pouvoirs. Les députés souhaitent les limiter. Il faut donc rédiger une Constitution, c'est-à-dire un texte qui précise la répartition des pouvoirs entre le souverain et l'Assemblée. C'est pourquoi les députés se groupent dans une Assemblée nationale constituante.

Un jeu pour les aristocrates
Le jeu de paume, ancêtre du tennis, se pratiquait à main nue. Il fallait renvoyer la balle de l'autre côté du filet en la tapant avec la paume de la main. Les courtisans venaient souvent jouer dans cette salle entourée de gradins où prenait place la noblesse qui était à la cour du roi.

> **LE CONFLIT DE L'ASSEMBLÉE AVEC LOUIS XVI**
>
> Le serment n'a fait qu'envenimer les relations du roi et de l'Assemblée. Le 23 juin, Louis XVI déclare qu'il refuse de reconnaître l'Assemblée nationale. Son président, Bailly, proclame alors que «la nation rassemblée n'a pas d'ordre à recevoir». Le roi doit s'incliner et, le 27 juin, il reconnaît l'Assemblée.

QUIZ

LES FAITS ET LES ÉVÉNEMENTS
Que jurent de faire les députés avant de se séparer ?
- le ménage
- une nouvelle Constitution
- une grande fête

LES HÉROS
Quel est le métier de Bailly avant d'être maire de Paris ?
- astrologue
- astronome
- astronaute

LES SITES ET LES LIEUX
Qui jouait au jeu de paume ?
- le clergé
- la noblesse
- le tiers état

LA VIE QUOTIDIENNE
Que dit Bailly au roi qui ne reconnaît pas l'Assemblée ?
- «la nation rassemblée n'a pas d'ordre à recevoir»
- «la nation ne reconnaît plus le roi»
- «la nation adore toujours son roi»

LES IDÉES, LES PHILOSOPHIES ET LES RELIGIONS
Comment appelle-t-on une Assemblée qui doit rédiger une nouvelle Constitution ?
- une Assemblée législative
- une Assemblée constituante
- une Assemblée constitutionnelle

21 SEPT. 1793 — Abolition de la royauté

12 NOV. 1793 — Exécution de Bailly

Bailly, astronome et maire de Paris

Homme intelligent et modéré, Bailly est débordé par les événements et finit guillotiné.

1763 — Bailly entre à l'Académie des Sciences

MAI 1789 — Président de l'Assemblée nationale

JUIL. 1789 — Maire

L'HISTOIRE DE FRANCE

Une carrière fulgurante
Le 15 juillet 1789, au lendemain de la prise de la Bastille, Bailly est élu triomphalement maire de Paris. Louis XVI est satisfait de cette décision et déclare : «J'en suis bien aise, c'est un honnête homme». Bailly était déjà président de l'Assemblée nationale depuis le 17 mai 1789.

Le serment du Jeu de paume
Le 20 juin 1789, Louis XVI ordonne la fermeture de la salle de réunion des députés. Ces derniers décident alors de se réunirent dans la salle du Jeu de paume. Bailly lit alors le serment qui engage les députés à ne pas se séparer avant d'avoir donné une Constitution à la France.

La fusillade du Champ-de-Mars
Bailly commet une erreur fatale le 17 juillet 1791 en donnant l'ordre à La Fayette et ses Gardes nationaux de disperser par la force un rassemblement de Parisiens sur le Champ-de-Mars. Il y a des morts et des blessés. Bailly décide alors de démissionner de la mairie de Paris.

Guilloting
Bailly est détesté par les royalistes qui l'accusent de trahison et par les plus durs des révolutionnaires qui ne lui pardonnent pas d'avoir donné l'ordre de tirer sur la foule. Finalement, il est condamné à mort et le 12 novembre 1793 il est guillotiné sur le Champ-de-Mars devant une foule hostile.

BAILLY L'ASTRONOME
Bailly est né à Paris en 1736. Il est élevé au Louvre où son père est conservateur des tableaux du roi. Très jeune, il décide de se consacrer à la science et ses travaux lui permettent d'entrée à l'Académie des sciences en 1763. C'est un des plus grands savants français en 1789.

QUIZ

LES FAITS ET LES ÉVÉNEMENTS
Quelle fonction occupe Bailly avant d'être élu maire de Paris ?
☐ garde du corps de Louis XVI
☐ commandant de la Bastille
☐ président de l'Assemblée nationale

LA VIE QUOTIDIENNE
Quel sport est l'ancêtre du tennis ?
☐ la pelote basque
☐ le ping pong
☐ le jeu de paume

LES IDÉES, LES PHILOSOPHIES ET LES RELIGIONS
De quel acte est accusé Bailly par les royalistes ?
☐ cruauté
☐ trahison
☐ incompétence

LES HÉROS
Quel est le métier du père de Bailly ?
☐ écuyer du roi
☐ conservateur des tableaux du roi
☐ cordonnier du roi

LES GUERRES ET LES BATAILLES
Quelle fusillade entraîne la démission de Bailly ?
☐ la prise des Tuileries
☐ la fusillade du Champ-de-Mars
☐ la marche sur Versailles

JUIL. 1791
Fusillade du Champ-de-Mars

NOV. 1793
Exécution de Bailly

de Paris

Le peuple en colère prend la Bastille

Affamé et se sentant menacé, le peuple de Paris se soulève et s'empare de la Bastille, le 14 juillet 1789.

LA RÉVOLUTION FRANÇAISE

LES DATES

17 JUIN 1789

Les députés du tiers état proclament l'Assemblée nationale constituante

9 JUIL 1789

L'Assemblée travaille à une constitution

14 JUIL 1789

Prise de la Bastille

L'HISTOIRE DE FRANCE

Les débuts de la Révolution

Les députés de la noblesse, du clergé et du tiers état (la bourgeoisie et les paysans) sont rassemblés à Versailles depuis le mois de mai. Le tiers état réclame une constitution, c'est-à-dire un texte de loi qui énonce les règles de fonctionnement de l'État. La noblesse et le clergé voulant conserver leurs privilèges, le tiers état se proclame Assemblée constituante pour rédiger, seul, un texte.

La prise de la Bastille

La poudre que le peuple parisien recherche est conservée dans la vieille forteresse de la Bastille. Il se dirige donc vers la Bastille qu'il attaque. Le gouverneur de la forteresse fait tirer le canon mais le peuple, de plus en plus nombreux, a lui-même trouvé des canons et réplique. Après quatre heures de combat, le pont-levis s'abaisse. La population triomphe. Le lendemain, le roi est obligé de renvoyer l'armée en province.

La forteresse de la Bastille

La forteresse de la Bastille, haute de 30 m, était une prison et se trouvait bien à l'emplacement actuel de la place de la Bastille. Pendant des siècles, les rois de France y ont enfermé tous leurs opposants. Dès le lendemain de la prise de l'édifice par le peuple, sa démolition commence ; elle s'achèvera sept mois plus tard.

Une fête nationale

Un an après la prise de la Bastille, l'Assemblée organise une grande fête pour rappeler l'exploit ; des représentants de tous les départements français viennent à Paris. Mais ce n'est que près d'un siècle plus tard, que le 14 juillet deviendra une fête nationale.

LE PEUPLE AFFAMÉ ET MENACÉ

Le peuple de Paris est déjà en effervescence car le pain manque depuis quelques semaines. Pendant ce temps à Versailles, Louis XVI tente de disperser les députés du tiers état et, par crainte du peuple de Paris, fait placer une armée autour de la capitale. Lorsqu'ils apprennent la nouvelle, les Parisiens prennent les armes pour se défendre.

QUIZ

LES FAITS ET LES ÉVÉNEMENTS
Où se réunissent les députés depuis mai 1789 ?
- à la Bastille
- à Versailles
- au Louvre

LES ARTS ET LES MONUMENTS
Aux temps des rois, qu'était la Bastille ?
- une place de bal
- une prison
- le château du roi

LA VIE QUOTIDIENNE
Pouquoi les Parisiens prennent-ils les armes le 14 juillet 1789 ?
- pour se défendre
- pour attaquer le roi
- pour délivrer les députés

LES GUERRES ET LES BATAILLES
Que va chercher le peuple à la Bastille ?
- du pain
- le roi
- de la poudre

LES IDÉES, LES PHILOSOPHIES ET LES RELIGIONS
Pourquoi ne travaille-t-on pas le 14 juillet ?
- parce que ce sont les vacances
- parce que c'est une fête nationale
- parce que tout est fermé

6 FÉV. 1790

Fin de la destruction de la Bastille

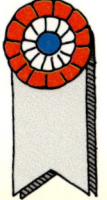

14 JUIL 1790

Fête de la Fédération

14 JUIL 1890

Fête nationale

LA RÉVOLUTION FRANÇAISE

Les paysans attaquent les châteaux de leur seigneur

Des rumeurs d'attaques de brigands payés par les nobles poussent les paysans à s'armer.

LES DATES

5 MAI 1789 — Ouverture des états généraux

14 JUIL. 1789 — Prise de la Bastille

20 JUIL. 1789 — Début de la Grande Peur

L'HISTOIRE DE FRANCE

La révolution des campagnes

À partir du 20 juillet 1789, la rumeur se propage : des brigands encouragés par les nobles pillent les campagnes. Les paysans s'arment et vont piller les châteaux de leur seigneur. Ils brûlent les " terriers ", les papiers sur lesquels sont inscrits les devoirs du paysans envers son seigneur.

La France entière est touchée

La Grande Peur va toucher presque toute la France. Elle commence à Nantes, le 20 juillet, puis s'étend vers le sud et en Auvergne. Le 24 juillet, c'est la Champagne qui est touchée, puis la Provence et les Pyrénées. Seuls la Bretagne, le Languedoc et l'Alsace échappent aux destructions.

La paysannerie en crise

Les paysans français sont pauvres et les mauvaises récoltes de 1788 ont aggravé leur situation et multiplié le nombre des vagabonds et des mendiants. En juillet 1789, les paysans craignent pour leur récolte. Ils sont donc sur la défensive lorsque des rumeurs annoncent une attaque éventuelle de leurs champs par des vagabonds payés par les seigneurs.

L'abolition des privilèges

La Grande Peur va s'apaiser à l'annonce de l'abolition des droits féodaux par l'Assemblée nationale dans la nuit du 4 août 1789. Les paysans sont donc débarrassés des corvées, et les impôts qu'ils payent au seigneur et à l'Église sont supprimés.

LES DROITS FÉODAUX
Les droits féodaux que devaient payer les paysans à leurs seigneurs étaient très nombreux. Il y avait le cens, payé chaque année en argent ; le champart, qui représentait une partie des récoltes qui devait être donnée au seigneur ; et, enfin, les corvées et les droits de chasse.

QUIZ

LES FAITS ET LES ÉVÉNEMENTS
Quel est le nom des cahiers où sont inscrits les devoirs des paysans envers leur seigneur ?
- les calepins
- les pense-bêtes
- les terriers

LES SITES ET LES LIEUX
Sous quel nom le mouvement de révolte des paysans en juillet 1789 est-il connu ?
- la Grande Illusion
- la Grande Évasion
- la Grande Peur

LES IDÉES, LES PHILOSOPHIES ET LES RELIGIONS
Quelle est la date de l'abolition des privilèges ?
- le 14 juillet 1789
- la nuit du 4 août 1789
- le 18 juin 1789

LA VIE QUOTIDIENNE
Quelles furent les conséquences des mauvaises récoltes de 1788 ?
- il y a davantage de mendiants et de vagabonds
- il n'y a plus de pain
- il n'y a plus de vin

LES HÉROS
Comment appelle-t-on la part de la récolte qui est donnée au seigneur ?
- le champagne
- le champart
- le cens

4 AOÛT 1789

Abolition des privilèges

26 AOÛT 1789

Déclaration des droits de l'homme

21 JANV. 1793

Louis XVI est guillotiné

L'abolition du régime seigneurial

En dix heures, l'Ancien Régime disparaît alors que s'affirme le principe de l'égalité des citoyens.

5 MAI 1789

Ouverture des états généraux

14 JUIL. 1789

Prise de la Bastille

ÉTÉ 1789

«Grande

L'HISTOIRE DE FRANCE

La fin de l'Ancien Régime
Pour rétablir le calme dans le pays, les députés décident d'abolir les privilèges. Les nobles renoncent à leurs droits sur les paysans, notamment les corvées. Le clergé renonce à la dîme, impôt payé aussi par les paysans. L'ordre ancien est détruit en dix heures.

Des nobles révolutionnaires
Ce sont des nobles libéraux, le vicomte de Noailles et le duc d'Aiguillon, qui proposent l'abolition du régime féodal. Le vicomte de Noailles était célèbre car il avait participé aux côtés de La Fayette à la Guerre d'indépendance des États-Unis.

Un été chaud
Durant l'été 1789, c'est la «Grande Peur» : les paysans sont persuadés que les nobles ont payé des brigands pour venir écraser la Révolution dans les campagnes. Ils s'arment et vont brûler les châteaux. L'abolition des privilèges va calmer cette violence.

Un régime qui date du Moyen Âge
La grande majorité des paysans en France vit sur une seigneurie. Le paysan dispose de la terre, mais en échange il doit payer au seigneur de nombreux droits : le cens, le champart et les banalités pour l'usage du four, du moulin et du pressoir du seigneur.

LA FIN DE LA SOCIÉTÉ D'ORDRES
L'abolition des privilèges est en fait le premier pas vers la reconnaissance de l'égalité de tous les Français devant la loi. Celle-ci sera proclamée le 26 août 1789 dans la Déclaration des droits de l'homme et du citoyen votée par les députés.

QUIZ

LES FAITS ET LES ÉVÉNEMENTS
À quel privilège en particulier renoncent les seigneurs ?
- le droit de juger les paysans
- la corvée
- le droit de punir les paysans

LES HÉROS
À quelle grande aventure avait participé le vicomte de Noailles ?
- la Révolution anglaise
- l'exploration du Brésil
- la Guerre d'indépendance des États-Unis

LES GUERRES ET LES BATAILLES
Comment se nomme le soulèvement des campagnes en été 1789 ?
- la Grande Illusion
- la Grande Évasion
- la Grande Peur

LA VIE QUOTIDIENNE
Sur quel type de terre vit la majorité des paysans en France ?
- la seigneurie
- la tenure
- la servitude

LES IDÉES, LES PHILOSOPHIES ET LES RELIGIONS
Quelle Déclaration reconnaît l'égalité de tous devant la loi ?
- celle des droits du peuple
- celle des droits de l'homme et du citoyen
- celle d'indépendance des paysans

4 AOÛT 1789 — Abolition des privilèges

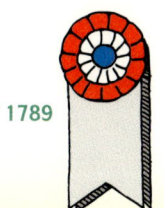

26 AOÛT 1789 — Déclaration des droits de l'homme et du citoyen

La déclaration des droits de l'homme et du citoyen

La Déclaration des droits de l'homme et du citoyen reconnaît aux individus la liberté, l'égalité et la propriété.

9 JUIL. 1789

L'Assemblée travaille à une constitution

14 JUIL. 1789

Prise de la Bastille

26 AOÛT 1789

Déclaration de l'homme et

L'HISTOIRE DE FRANCE

Les députés
Les députés du tiers état (c'est-à-dire la bourgeoisie et les paysans) forment depuis un peu plus d'un mois l'Assemblée constituante. Mais avant de travailler à une constitution, qui doit fixer les règles de fonctionnement de l'État, les députés rédigent un texte qui énonce les droits des hommes.

La fin des privilèges
Avant la Révolution, les nobles et les prêtres ont beaucoup d'avantages et ils ne paient pas d'impôts. La Déclaration, en proclamant l'égalité entre tous les hommes, met fin aux privilèges : tous les Français, du simple paysan au noble le plus riche, ont les mêmes droits (par exemple la justice) et les mêmes devoirs (comme les impôts).

Les femmes et les esclaves sont oubliés
Si la Déclaration des droits de l'homme concerne tous les hommes, dans les faits, elle ne s'applique ni aux femmes, ni aux esclaves. L'esclavage est maintenu dans les colonies et les femmes ne sont toujours pas considérées comme égales aux hommes.

Vers une Déclaration universelle
Les droits énoncés dans la Déclaration de 1789 concernent tous les hommes de la terre. Cent cinquante ans plus tard, l'Organisation des Nations Unies adoptera la Déclaration universelle des droits de l'homme que tous les pays du monde doivent respecter.

LA DÉCLARATION DES DROITS DE L'HOMME ET DU CITOYEN
Après six jours de débats, l'Assemblée constituante proclame la Déclaration des droits de l'homme et du citoyen. Ce texte doit défendre les droits de chaque individu : la liberté de chacun, l'égalité de tous devant la loi et les impôts, le respect des biens de chacun.

QUIZ

LES HÉROS
Qui a écrit la Déclaration des droits de l'homme et du citoyen ?
- le roi
- le peuple
- les députés

LES SITES ET LES LIEUX
Pour qui sont proclamés les droits de l'homme ?
- tous les Français
- tous les hommes
- tous les Européens

LES FAITS ET LES ÉVÉNEMENTS
À quoi sert la Déclaration des droits de l'homme et du citoyen ?
- à défendre les droits de chaque individu
- à défendre l'état
- à défendre la Révolution

LES IDÉES, LES PHILOSOPHIES ET LES RELIGIONS
Quelles étaient les catégories sociales les plus avantagées avant la Révolution ?
- les commerçants
- les nobles et les prêtres
- les paysans

LA VIE QUOTIDIENNE
Qui la Déclaration des droits de l'homme a-t-elle oublié ?
- les esclaves et les femmes
- les pauvres
- les malades

des Droits du citoyen | 1848 Abolition de l'esclavage | 1948 Déclaration universelle des droits de l'homme

LA RÉVOLUTION FRANÇAISE

Le peuple de Paris ramène le roi aux Tuileries

L'Assemblée et le roi perdent progressivement le contrôle des événements au profit du peuple parisien.

LES DATES

5 MAI 1789 — Ouverture des états généraux

14 JUIL. 1789 — Prise de la Bastille

5 AOÛT 1789 — Abolition des privilèges

L'HISTOIRE DE FRANCE

Une capitale aux abois
Dans la capitale, la misère gagne. Le ravitaillement se fait mal et le pain est très cher. Par ailleurs, le départ de la noblesse aggrave le chômage car il n'y a plus de travail pour les nombreux domestiques et les artisans. La colère du peuple se retourne contre Louis XVI et sa famille.

La Fayette, le héros
C'est La Fayette, commandant en chef de la Garde nationale, qui fait escorter les Parisiens à Versailles. Il est populaire parmi la population et joue un rôle certain dans la Révolution. C'est lui qui propose, le 26 avril 1789, les premiers articles de la Déclaration des droits de l'homme.

La « bataille de Versailles »
Les Parisiens n'ont pas l'intention de prendre d'assaut le château de Versailles. Mais le ton monte et des tirs sont entendus. Deux gardes du corps sont tués et leurs têtes sont portées sur des pics. Marie-Antoinette doit se réfugier chez le roi pour être épargnée par la violence.

Le pouvoir de la rue
À partir d'octobre 1789, trois pouvoirs s'opposent : celui du roi aux Tuileries ; celui de l'Assemblée qui siège dans la salle des Manèges et celui du peuple parisien qui surveille Louis XVI et les députés. Progressivement les Parisiens prennent le pouvoir grâce aux sans-culottes.

LES PARISIENS À VERSAILLES
Louis XVI refuse de signer les décrets du 4 août 1789 abolissant les privilèges. Le 5 octobre, le peuple de Paris, essentiellement des femmes, se rend à Versailles escorté par les Gardes nationales de La Fayette. Le château est envahi. Le roi doit signer les décrets et suivre les Parisiens.

QUIZ

LES FAITS ET LES ÉVÉNEMENTS
À quoi mettent fin les décrets de la nuit du 4 août 1789 ?
- à la noblesse
- aux privilèges
- à l'heure d'été

LA VIE QUOTIDIENNE
Quel produit fait défaut et se vend très cher à Paris ?
- le vin
- le pain
- le caviar de Russie

LES HÉROS
Quelle fonction occupe La Fayette ?
- secrétaire personnel de Louis XVI
- ambassadeur de France aux États-Unis
- commandant de la Garde nationale

LES GUERRES ET LES BATAILLES
Qu'arrive-t-il aux deux gardes tués à Versailles ?
- ils sont enterrés dans les jardins
- ils sont quand même guillotinés
- leurs têtes sont portées sur des pics

LES IDÉES, LES PHILOSOPHIES ET LES RELIGIONS
Quels noms portent les représentants du peuple parisien ?
- les sans-grades
- les sans-papiers
- les sans-culottes

---

26 AOÛT 1789 — Déclaration des droits de l'homme

5 OCT. 1789 — Le roi est ramené à Paris

20 JUIN 1791 — Fuite et arrestation du roi à Varennes

La nationalisation des biens du clergé

Devant la crise financière qui menace la France, les révolutionnaires décident de récupérer l'immense fortune de l'Église.

LA RÉVOLUTION FRANÇAISE

LES DATES

14 JUIL. 1789 — Prise de la Bastille

4 AOÛT 1789 — Abolition des privilèges

2 NOV. 1789 — Nationalisation des

L'HISTOIRE DE FRANCE

Un évêque révolutionnaire
C'est un évêque, Talleyrand, qui propose d'utiliser les biens ecclésiastiques pour payer les dettes de l'état. Il fait une carrière extraordinaire qui dure plus de quarante ans. Il sera, en particulier, le ministre des Affaires étrangères de Napoléon Ier.

La constitution civile du clergé
En juillet 1790, la Révolution vote la constitution civile du clergé. Le nombre des ecclésiastiques est diminué, les archevêques, les évêques et les curés doivent être élus par les citoyens. Tous doivent prêter serment de fidélité à la nation.

Des biens ecclésiastiques énormes
Le clergé compte, en 1789, 406 000 membres. Ses revenus sont considérables. Ils proviennent de l'exploitation des terres et de la dîme que doivent payer les paysans et qui représente 12 % de leur récolte. En revanche, le clergé ne paie aucun impôt.

Le clergé perd son pouvoir
Le clergé est finalement l'ordre le plus affaibli par la Révolution. Il est dépossédé de ses biens, accusé d'être opposé à la Révolution. Il sera l'objet de persécutions et beaucoup d'églises seront pillées, détruites ou transformées en entrepôts.

LA CRISE FINANCIÈRE
Le 4 août 1789, les révolutionnaires décident de supprimer la dîme, c'est-à-dire l'impôt payé à l'église. Cependant, ils s'engagent à entretenir le clergé. Pourtant, très vite, l'état n'a plus d'argent et doit donc mettre en vente les biens du clergé au mois de novembre.

QUIZ

LES FAITS ET LES ÉVÉNEMENTS
Pourquoi les révolutionnaires décident-ils de vendre les biens de l'église ?
- ■ pour avoir de l'argent de poche
- ■ pour faire la guerre
- ■ parce que l'état n'a plus d'argent

LES HÉROS
Quel poste important occupe Talleyrand auprès de Napoléon Ier ?
- ■ chauffeur
- ■ ministre des Affaires étrangères
- ■ cuisinier

LES GUERRES ET LES BATAILLES
De quoi seront victimes les membres du clergé ?
- ■ des travaux forcés
- ■ de persécutions
- ■ de moqueries

LES IDÉES, LES PHILOSOPHIES ET LES RELIGIONS
À partir de juillet 1790, qui élit les curés et les évêques ?
- ■ le pape
- ■ le roi
- ■ les citoyens

LA VIE QUOTIDIENNE
Quel est le nom de l'impôt que les paysans payent à l'église ?
- ■ la dîme
- ■ la taille
- ■ la gabelle

10 AOÛT 1792 — Chute de la monarchie

21 JANV. 1793 — Exécution de Louis XVI

La Révolution invente les assignats

Accablée de dettes, la Révolution invente une monnaie...
que les Français refusent.

LA RÉVOLUTION FRANÇAISE

LES DATES

1788 — Crise financière en France

AOÛT 1789 — Abolition des privilèges

NOV. 1789 — Mise en vente des...

L'HISTOIRE DE FRANCE

Trouver de l'argent à tout prix

Le 2 novembre 1789, l'Assemblée décide de mettre en vente les biens du clergé. Elle crée des assignats, qui sont des billets de banques de 1000 livres pouvant être échangés contre les biens confisqués de l'Église. Ces billets circulent et s'échangent comme une monnaie.

La France dans le rouge

La France est en pleine crise financière en 1789 et la suppression des privilèges le 4 août a aggravé la situation. Ainsi, l'État doit entretenir le clergé après la suppression de la dîme, impôt jusque-là perçu par l'Église. Il doit aussi rembourser les dettes gigantesques du royaume.

Un diplomate hors pair

C'est Talleyrand, évêque d'Autun, qui propose de mettre en vente les biens du clergé pour sauver les finances du royaume. En 1791 il quitte le clergé et débute une carrière extraordinaire qui le mène au poste de ministre des Affaires étrangères de Napoléon. Ce dernier l'élèvera au rang de prince.

La guerre ruine le pays

Il n'existe pas à l'époque de budget de la nation, c'est-à-dire de prévisions des recettes et des dépenses de l'année à venir. En 1789, la dette du royaume est de 4467 millions de livres. Durant la Révolution, la situation s'aggrave à cause des dépenses colossales imposées par les guerres.

MÉFIANT
La France possède une monnaie en métal, la livre alors que l'assignat n'est qu'un bout de papier sur lequel est inscrite une somme. Beaucoup de Français se méfient de ces billets. Rapidement l'assignat perd sa valeur et en 1795, contre un assignat de 1000 livres, on obtient plus que 80 livres de monnaie en métal !

QUIZ

LES FAITS ET LES ÉVÉNEMENTS
Quels biens l'Assemblée met-elle en vente ?
- les biens de Louis XVI
- les biens du clergé
- les biens des exilés

LA VIE QUOTIDIENNE
Quel nom porte l'impôt perçu par l'église ?
- la gabelle
- la dîme
- la CSG

LES IDÉES, LES PHILOSOPHIES ET LES RELIGIONS
Quel est le nom de la monnaie en métal utilisée en France ?
- la lire
- la livre
- le louis

LES HÉROS
Quel poste important occupe Talleyrand auprès de Napoléon ?
- confident
- bouffon
- ministre des Affaires étrangères

LES GUERRES ET LES BATAILLES
Quels événements aggravent les dettes de la France ?
- le pillage des caisses par les révolutionnaires
- les guerres
- les grèves

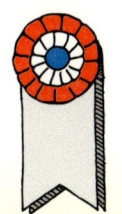

---

biens du clergé et assignats

AVRIL 1792 — La France entre en guerre

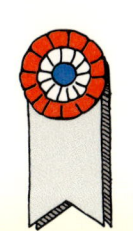

FÉV. 1796 — Suppression des assignats

LA RÉVOLUTION FRANÇAISE

Le duc d'Orléans devient Philippe Égalité

Philippe d'Orléans, révolutionnaire, vote la mort de son cousin Louis XVI avant de finir sur l'échafaud.

42

LES DATES

1747 — Naissance du duc d'Orléans

1789 — Élection du duc aux états généraux

SEPT. 1792 — Le duc d'Or... Philippe

L'HISTOIRE DE FRANCE

Une ambition royale
Lors de son procès, Philippe Égalité est accusé d'avoir cherché à remplacer Louis XVI sur le trône de France. En fait il y a cinq personnes avant lui dans l'ordre de succession, mais ses intrigues, l'agitation qu'il entretient avec ses agents et sa grande ambition permettaient de le penser.

Un «flambeur»
Descendant en ligne directe de Monseigneur, frère de Louis XIV, le duc d'Orléans est un homme extrêmement riche mais aussi très dépensier, dilapidant sa fortune dans les courses et le jeu. Il a de si nombreuses dettes qu'il est contraint d'accueillir des boutiques autour de sa propriété du Palais-Royal.

La trahison du fils
Philippe Égalité voit sa situation se dégrader rapidement après le passage aux Autrichiens de son fils le duc de Chartres, en compagnie du général Dumouriez, au mois d'avril 1793. Il est alors arrêté, enfermé à Marseille, puis à Paris, et finalement envoyé sur l'échafaud le 6 novembre 1793.

Un noble parmi les révolutionnaires
Le duc d'Orléans multiplie les gestes favorables aux révolutionnaires. Il se fait admettre comme simple citoyen au club des Jacobins. Sa résidence somptueuse du Palais-Royal devient le «jardin de la Révolution» et il abandonne son titre pour le nom de Philippe Égalité.

«LE PÈRE DU PEUPLE»
Élu aux états généraux en tant que représentant de l'ordre de la noblesse, Philippe d'Orléans est un des premiers à rejoindre le tiers état. Il aime se faire appeler le «père du peuple» et la rumeur lui prête l'organisation de la prise de la Bastille, le 14 juillet 1789, ainsi que la marche sur Versailles, le 6 octobre.

QUIZ

LES FAITS ET LES ÉVÉNEMENTS
Quel surnom porte le duc d'Orléans ?
- le père la Victoire
- le père du peuple
- le parrain

LA VIE QUOTIDIENNE
Quelles accusations sont portées contre Philippe Égalité lors de son procès ?
- de chercher à remplacer Louis XVI
- d'être trop riche
- d'avoir livré des armes aux Autrichiens

LES HÉROS
Pourquoi le duc d'Orléans a tant de dettes ?
- il est trop généreux
- il joue aux courses
- son fils lui a tout pris

LES GUERRES ET LES BATAILLES
Comment meurt Philippe Égalité ?
- guillotiné sur l'échafaud
- emporté par un boulet autrichien
- tranquillement dans son lit

LES IDÉES, LES PHILOSOPHIES ET LES RELIGIONS
Quel est le nouveau nom du Palais-Royal, résidence du duc d'Orléans ?
- le palais de la Révolution
- le jardin de la Révolution
- le palais égalité

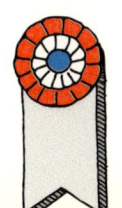

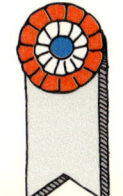

AVRIL 1793 — Arrestation de Philippe Égalité

NOV. 1793 — Philippe Égalité guillotiné

Le rôle des Jacobins sous la Terreur

Les Français s'enivrent de discussions et de débats dans les clubs révolutionnaires.

LA RÉVOLUTION FRANÇAISE

LES DATES

MAI 1789 — Ouverture des états généraux

MAI 1789 — Création de la Société des Amis de la Constitution

OCT. 1789 — Le club s'installe des

L'HISTOIRE DE FRANCE

Une création des Bretons
Au mois de mai 1789, des députés bretons, élus aux états généraux, forment à Versailles un club de discussion. Quand l'Assemblée nationale est transférée à Paris en octobre, le club, dont le nom est «Société des amis de la Constitution» s'installe dans le couvent des Jacobins.

L'essor spectaculaire du club des Jacobins
Le club des Jacobins devient très populaire et compte à Paris 1 200 membres en 1790 dont des personnes très différentes comme La Fayette et Robespierre. Des succursales s'ouvrent en province. On en compte 152 en 1790 et plus de 1 000 en septembre 1791.

Le club des Jacobins favorise la Terreur
Robespierre est une figure importante du club des Jacobins. Entre octobre 1791 et août 1792, chute de la royauté, il prend la parole plus d'une centaine de fois pour dénoncer le roi et critiquer les ministres. Lorsqu'il est au pouvoir à partir de juin 1793, il utilise les clubs pour instaurer la Terreur.

Les purges au club des Jacobins
À partir de 1794, le club des Jacobins dominé par les Montagnards et les sans-culottes éliminent tous les opposants, ou supposés tels, au sein même du club. Ce sont d'abord les partisans d'Hébert, chef du club des Cordeliers, qui sont guillotinés en mars 1794 puis Danton et les Indulgents un mois plus tard.

ULTIMES TENTATIVES
Après la mort de Robespierre, le club des Jacobins est accusé d'être responsable de la Terreur. Il est supprimé en novembre 1794. Quelques anciens sans-culottes tentent alors d'ouvrir un nouveau club à Paris en juillet 1799 mais le ministre de la Police, Fouché, le ferme définitivement.

QUIZ

LES FAITS ET LES ÉVÉNEMENTS
De quelle région viennent les fondateurs du Club ?
- d'Auvergne
- de Bretagne
- de la Provence

LA VIE QUOTIDIENNE
Combien de succursales compte le club des Jacobins en 1791 ?
- 100
- 1000
- 5000

LES HÉROS
Quelle personnalité responsable de la Terreur est membre du club ?
- Robespierre
- Marat
- La Fayette

LES GUERRES ET LES BATAILLES
Quels membres du club sont exécutés par ordre de Robespierre ?
- les Girondins
- les royalistes
- Danton et les Indulgents

LES IDÉES, LES PHILOSOPHIES ET LES RELIGIONS
Quelle accusation est portée contre le club des Jacobins ?
- il a volé dans les caisses de l'état
- il est responsable de la Terreur
- il a affamé Paris

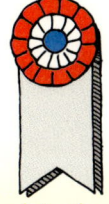

JUIN 1793 — Le club aux mains des sans-culottes

NOV. 1794 — Fermeture du club des Jacobins

LA RÉVOLUTION FRANÇAISE

Les poètes mettent en vers la Révolution

Si la Révolution inspirent les poètes, elle les envoient aussi sur l'échafaud.

46

LES DATES

10 AOÛT 1792
Chute de la monarchie

SEPT. 1792
Début du calendrier républicain

**SEPT. 1793
JUIL. 1794**
Te

Un club très fermé

La Révolution a suscité plus de 3 000 œuvres poétiques et l'on recense pas moins de 500 auteurs. Mais peu sont connus à l'exception de quelques-uns, tels Rouget de Lisle, de Fabre d'Églantine ou de Marie-Joseph de Chénier qui devient une sorte de poète officiel de la Révolution en 1793.

Lecture pour tous

Entre 1789 et 1792, la liberté d'expression est totale. Les publications se multiplient et les presses aussi. Mais les livres coûtent cher, aussi certains sans-culottes s'organisent : ils font l'achat collectif d'un journal, mettent en place des «lectures patriotiques» à haute voix au cabaret ou à la section.

Les frères ennemis

André-Marie et Marie-Joseph de Chénier sont frères et poètes. Le premier refuse la violence révolutionnaire et s'oppose à Marat. Le second est membre du Club des jacobins et proche de Robespierre. André-Marie est guillotiné en juillet 1794 alors que Marie-Joseph poursuit sa carrière.

Le poétique calendrier révolutionnaire

Ce sont les poètes et en particulier Fabre d'Églantine qui inventent les noms des mois et des jours du calendrier révolutionnaire. Ils choisissent des noms de plantes, d'animaux et d'outils pour les jours. Ils font rimer les mois, trois à trois, comme Germinal, Floréal, Prairial.

DE LA GLOIRE À L'ÉCHAFAUD

C'est un poète, Fabre d'Églantine, auteur de «Il pleut bergère», qui est chargé d'élaborer le calendrier révolutionnaire. Mais Fabre est aussi secrétaire de Danton et un partisan de la Terreur. En fait c'est surtout un affairiste qui détourne l'argent de l'État. Il finit guillotiné avec les dantonistes en avril 1794.

QUIZ

LES FAITS ET LES ÉVÉNEMENTS
Qui devient en 1793 le poète officiel de la Révolution ?
- Fabre d'Eglantine
- Marie-Joseph de Chénier
- Rouget de Lisle

LA VIE QUOTIDIENNE
Comment les sans-culottes appellent-ils les lectures publiques de journaux ?
- les sermons patriotiques
- les lectures patriotiques
- lecture pour tous

LES HÉROS
Quel est le destin des frères Chénier ?
- les deux sont guillotinés en même temps
- l'un est guillotiné, l'autre pas
- ils s'affrontent en duel

LES IDÉES, LES PHILOSOPHIES ET LES RELIGIONS
Quelle célèbre chanson populaire est l'œuvre de Fabre d'Eglantine ?
- la Madelon
- il pleut bergère
- Allez les bleus

LES ARTS ET LES MONUMENTS
Quelle nouveauté révolutionnaire est l'œuvre des poètes ?
- le calendrier révolutionnaire
- la fête de l'Être suprême
- la fête de la Fédération

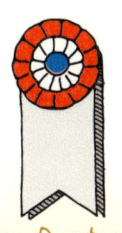

AVRIL 1794 — Exécution des Dantonistes et de Fabre d'Églantine

JUIL. 1794 — Exécution de André-Marie de Chénier

David ou l'art au service de la Révolution

Royaliste avec Louis XVI, révolutionnaire derrière Robespierre, Jacques Louis David finit bonapartiste.

LA RÉVOLUTION FRANÇAISE

LES DATES

1748 — Naissance de David

1783 — David entre à l'Académie royale de peinture

1789 — David «peintr

Un peintre dans le vent

David est incontestablement le plus célèbre des peintres révolutionnaires. En 1789, il se pose en «chef des artistes patriotes» et réalise le «Serment du Jeu de paume». Les révolutionnaires lui confient l'organisation de cérémonies, notamment le transfert des cendres de Voltaire au Panthéon.

Un partisan de la Terreur

Élu à la Convention puis membre du Comité de sûreté générale, David dénonce tous ceux qu'il considère comme des ennemis de la Révolution. Il s'agit bien souvent de peintres concurrents. Il écrit que les ennemis de Robespierre «sont les ennemis de la France et de la liberté».

Une célébrité

Jacques Louis David a 41 ans en 1789. C'est un peintre reconnu qui a remporté le prestigieux premier prix de Rome en 1775 et qui est membre de l'Académie royale de peinture en 1783. Mais c'est avant tout un opportuniste qui s'accommode de tous les régimes pour avoir des commandes.

Sauver sa tête

Lors de la chute de Robespierre, David est exclu du Comité de sûreté générale. Mais pour se défendre, il accuse Robespierre de l'avoir trompé et abusé. Devant autant de lâcheté, les nouveaux hommes forts du pouvoir ne condamnent David qu'à quelques mois de prison et non à la guillotine.

LE PEINTRE OFFICIEL DE NAPOLÉON

David devient sous l'Empire, «peintre de l'Empereur». Il s'illustre par le célèbre tableau du «Sacre de Napoléon Ier», conservé au Louvre. Mais au retour de Louis XVIII, il ne parvient pas à faire oublier au roi son passé révolutionnaire et finit sa vie en 1825 en exil à Bruxelles.

QUIZ

LES FAITS ET LES ÉVÉNEMENTS
Quel célèbre événement de 1789 est peint par David ?
- ☐ la prise de la Bastille
- ☐ le Serment du Jeu de paume
- ☐ le mariage de sa sœur

LA VIE QUOTIDIENNE
De quel Comité, responsable de la Terreur, est membre David ?
- ☐ le Comité de Salut public
- ☐ le Comité des sages
- ☐ le Comité de sûreté générale

LES HÉROS
À quelle prestigieuse académie appartient David ?
- ☐ l'Académie des Belles Lettres
- ☐ l'Académie française
- ☐ l'Académie royale de peinture

LES GUERRES ET LES BATAILLES
Que fait David pour éviter la guillotine ?
- ☐ il s'enfuit à l'étranger
- ☐ il peint gratuitement ses juges
- ☐ il accuse Robespierre de l'avoir trompé

LES ARTS ET LES MONUMENTS
Quel tableau fait de David le peintre de l'empereur ?
- ☐ la «Bataille de Iéna»
- ☐ le «Sacre de Napoléon Ier»
- ☐ «Les Grognards de l'empereur»

1794 — Arrestation et emprisonnement

1825 — Mort de David à Bruxelles

La Commune de Paris gouverne la capitale

Dirigée par des modérés jusqu'en 1792, Paris subit ensuite la dictature sanglante des sans-culottes.

JUIL. 1789
Création de la commune de Paris ; Bailly maire de Paris

10 AOÛT 1792
Création d'une «commune insurrectionnelle»

L'HISTOIRE DE FRANCE

La Révolution à Paris
Le 13 juillet 1789, l'ancienne municipalité parisienne est remplacée par un comité qui crée la garde nationale et élit Bailly maire de Paris. À partir de 1790, la nouvelle municipalité, la Commune, dirige la vie de la capitale mais ses membres demeurent très divisés sur la politique à suivre.

Le «roi» de Paris
Le gouvernement municipal compte 144 membres, c'est-à-dire trois pour chacune des quarante-huit sections constituant Paris. Seize de ces élus forment le «Bureau municipal» présidé par le maire. Ses pouvoirs sont très étendus : il peut taxer les denrées, fixer les prix ou encore appeler la Garde nationale.

Paris à feu et à sang
Le 9 août 1792, cette commune est balayée par les sans-culottes qui installent leur «commune insurrectionnelle». Ils exigent que l'assemblée leur livre le roi qu'ils emprisonnent au Temple. Ce sont ces hommes qui font ou laissent faire les massacres de septembre dans les prisons.

Les arrondissements
Le 9 Thermidor An II (27 juillet 1794), la commune dirigée par les sans-culottes disparaît en même temps que Robespierre. Le maire et quatre-vingt sept membres du conseil général montent sur l'échafaud. Paris est alors divisé en douze arrondissements contrôlés par le gouvernement.

UNE MAIRIE À RISQUES
Jean Bailly est astronome, membre de l'Académie des Sciences lorsqu'il est élu maire de Paris en juillet 1789. Il démissionne après la fusillade du Champ-de-Mars en juillet 1791. Il ne peut échapper à la haine de Robespierre et des Montagnards qui le font décapiter le 12 novembre 1793.

QUIZ

LES FAITS ET LES ÉVÉNEMENTS
Que crée la nouvelle municipalité dès juillet 1789 ?
- le loto sportif
- la garde nationale
- les horodateurs

LA VIE QUOTIDIENNE
Quel est le nom des quartiers de Paris ?
- des arrondissements
- des districts
- des sections

LES HÉROS
Quelle est la spécialité de Bailly, maire de Paris en 1789 ?
- les spaghettis à la bolognaise
- l'astronomie
- le jeu de paume

LES GUERRES ET LES BATAILLES
Qui prend le pouvoir à Paris en août 1792 ?
- les sans-culottes
- les royalistes
- les Autrichiens

LES IDÉES, LES PHILOSOPHIES ET LES RELIGIONS
Que devient Paris après la chute de Robespierre ?
- 12 arrondissements sont créés
- il n'y a plus de maire
- rien n'est changé

SEPT. 1792 — Massacres dans les prisons parisiennes

JUIL. 1794 — Exécution du maire et des conseillers de Paris.

L'abbé Grégoire, prêtre révolutionnaire

Défenseur des minorités opprimées, l'abbé Grégoire est l'avocat de l'Église et des plus humbles.

LA RÉVOLUTION FRANÇAISE

LES DATES

1776 — Grégoire ordonné prêtre

1789 — Élu du clergé aux états généraux

JUIL. 1790 — Constitution civil

Un prêtre libéral

L'abbé Grégoire est certes révolutionnaire mais modéré. Ainsi, vote-t-il l'abolition de la royauté et condamne Louis XVI, sans pourtant se prononcer pour une sentence de mort et en même temps, il s'élève contre la politique de déchristianisation menée par les Montagnards et Robespierre.

Le rôle politique

L'abbé Grégoire joue un rôle capital dans la réunion des députés du bas-clergé avec ceux du tiers état au mois de juin 1789 pour former l'Assemblée nationale. Il participe ensuite à l'élaboration de la Constitution civile du clergé et, le premier, y prête serment.

La Révolution comme tremplin

Simple curé en Lorraine, mais très rapidement célèbre pour ses interventions à l'Assemblée, l'abbé Grégoire est nommé évêque constitutionnel à Blois en 1791. Cependant, en 1801, après le concordat signé entre le pape et Napoléon, l'abbé Grégoire est exclu du clergé français.

Le vandalisme révolutionnaire

La politique de la Terreur s'accompagne de vandalisme contre les biens du clergé que dénonce l'abbé Grégoire. À Notre-Dame de Paris, 90 statues avec les colonnes qui les portaient ainsi que la flèche sont détruites. À Chartres, c'est la nef qui est découverte pour prendre le plomb du toit.

TOLÉRER LES DIFFÉRENCES

En 1788, l'abbé Grégoire publie un «Essai» qui prône la tolérance à l'égard de la communauté juive d'Alsace et de Lorraine. Puis, en 1790, un «Mémoire en faveur des gens de couleur» et devient le président de la Société des amis des Noirs qui se bat contre l'esclavage.

QUIZ

LES FAITS ET LES ÉVÉNEMENTS
L'abbé Grégoire vote-t-il la mort de Louis XVI ?
- oui
- non
- il ne se prononce pas

LA VIE QUOTIDIENNE
Avec qui l'abbé Grégoire réunit-il les députés du bas-clergé ?
- les députés de la noblesse
- les députés du tiers état
- avec personne

LES GUERRES ET LES BATAILLES
Contre quelles pratiques révolutionnaires s'élève l'abbé Grégoire ?
- les massacres dans les prisons
- la destruction des biens de l'Église
- le mariage des prêtres

LES HÉROS
Qu'arrive-t-il à l'abbé Grégoire en 1801 ?
- il se marie
- il décède
- il est exclu du clergé

LES IDÉES, LES PHILOSOPHIES ET LES RELIGIONS
Quelle société de bienfaisance est présidée par Grégoire ?
- la Société des Amis des Noirs
- l'Amicale des Haïtiens
- les Amis du jeu de Paume

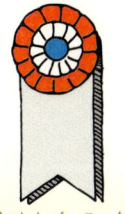

---

10 AOÛT 1792 — Chute de la monarchie

1831 — Mort de l'abbé Grégoire

LA RÉVOLUTION FRANÇAISE

La Révolution accorde la liberté de la presse

La liberté de la presse permet une véritable explosion du nombre des journaux et l'apparition des quotidiens.

LES DATES

AOÛT 1789
La Déclaration des droits de l'homme accorde la liberté de la presse

SEPT. 1789
Création de «L'Ami du peuple» de Marat

NOV. 1790
Créatio[n]
Duchesne

L'HISTOIRE DE FRANCE

Tous les deux jours un nouveau journal

La Révolution entraîne une véritable explosion de la presse. Ainsi à Paris, on enregistre la création de 184 journaux pour la seule année 1789 et encore 335 pour 1790. La grande nouveauté est la création des quotidiens, c'est-à-dire des journaux qui paraissent tous les jours. Il y en a 23 à Paris en 1789 !

La violence du «Père Duchesne»

Hébert fonde le «Père Duchesne» en novembre 1790. C'est un journal qui se caractérise par une extrême grossièreté, car Hébert souhaitait être lu «par les pauvres bougres», et pour ses appels au meurtre. Finalement Hébert est lui-même guillotiné en mars 1794 sur l'ordre de Robespierre.

Une presse toujours contrôlée

«La liberté de la presse ou la mort» s'écrit Danton. En fait, rapidement la presse est contrôlée. Les journaux royalistes sont interdits après la chute de la monarchie le 10 août 1792. Puis après l'exécution de Robespierre, de nombreux journalistes sont arrêtés et emprisonnés.

Une presse artisanale

Les journaux sont d'un format comparable aux petits livres d'aujourd'hui. Ils ont de 4 à 16 pages. Leur prix est relativement élevé pour l'époque. Mais la fabrication est artisanale et les presses manuelles ne permettent qu'un petit tirage de 4 à 5000 exemplaires au maximum.

LA LIBERTÉ DE LA PRESSE

Avant la Révolution, la presse est sous la surveillance du roi qui délivre une autorisation à ceux qui veulent publier des journaux. La censure élimine tous ceux qui critiquent le roi. Le 24 août 1789, la Déclaration des droits de l'homme et du citoyen accorde une entière liberté à la presse.

QUIZ

LES FAITS ET LES ÉVÉNEMENTS
Qui autorise la parution d'un journal avant la Révolution ?
- le pape
- le roi
- personne

LA VIE QUOTIDIENNE
Quel nouveau type de journal apparaît à Paris ?
- le quotidien
- le journal de petites annonces
- le journal sportif

LES GUERRES ET LES BATAILLES
Quels journaux sont interdits après la chute de la monarchie en août 1792 ?
- les journaux étrangers
- les journaux les plus chers
- les journaux royalistes

LES HÉROS
Quel est le nom du journal fondé par Hébert ?
- «le Père Castor»
- «le Père Dutroëne»
- «le Père Duchesne»

LES IDÉES, LES PHILOSOPHIES ET LES RELIGIONS
Combien d'exemplaires de journaux sont fabriqués au maximum ?
- 100
- 5 000
- 20 000

10 AOÛT 1792 — Interdiction des journaux royalistes

MARS 1794 — Exécution d'Hébert

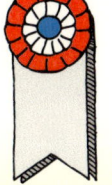

La Révolution met fin au désordre administratif

Après des débats houleux, les révolutionnaires s'accordent pour découper le pays en 83 départements.

LA RÉVOLUTION FRANÇAISE

56

LES DATES

FÉV. 1790 — La France divisée en 83 départements

JUIN 1791 — Fuite du roi

SEPT. 1791 — Avignon devient française

L'HISTOIRE DE FRANCE

La nouvelle carte de la France

Le 15 février 1790, l'Assemblée nationale divise la France en 83 départements en respectant le cadre provincial existant. Par exemple, la Bretagne a 5 départements, la Provence 3. Les noms choisis sont ceux des montagnes, des fleuves ou des côtes et non des numéros comme c'était initialement prévu.

La France découpée par les mathématiques

Plusieurs projets de découpage existent. Thouret propose 80 départements formant chacun un carré de 18 lieues de côté (environ 72 km), divisé en 9 districts de 6 lieues de côté, eux-mêmes divisés en 9 cantons de 4 lieues. Ce projet géométrique est finalement rejeté par l'Assemblée.

Une France des «pays»

En 1790, la création des départements indiffère les Français. Chaque province conserve ses lois, ses coutumes, son patois et même parfois sa langue. Certaines villes refusent, en 1790, «d'obéir» au chef-lieu créé dans le département. Ainsi Aix-en-Provence refuse-t-elle la domination de Marseille.

Le nombre des départements s'accroît

Avec les acquisitions françaises s'ajoutent le Vaucluse en 1791, la Savoie et les Alpes Maritimes en 1793. La modification la plus importante suit l'annexion de l'Alsace et du nord de la Lorraine, en 1871, avec la création de la Meurthe-et-Moselle et du territoire de Belfort.

UN CHAOS ADMINISTRATIF

Jusqu'en 1790, le découpage de la France est très complexe. Il existe des provinces, des bailliages, des généralités, des sénéchaussées. Certaines provinces ont un parlement d'autres non. Les divisions se superposent et, finalement, aucune carte générale ne peut être dessinée.

QUIZ

LES FAITS ET LES ÉVÉNEMENTS
Comment les départements devaient-ils être reconnus au départ ?
- par des numéros
- par des noms de fleurs
- par des couleurs

LES GUERRES ET LES BATAILLES
Quelle est la dimension des départements proposée dans le découpage de Thouret ?
- 108 lieues de côté
- 18 lieues de côté
- 1,8 lieue de côté

LES IDÉES, LES PHILOSOPHIES ET LES RELIGIONS
Comment se présente le découpage de la France avant 1790 ?
- il n'y en a pas
- il est très compliqué
- il existe déjà des départements

LA VIE QUOTIDIENNE
Quelle ville refuse d'être dominée par Marseille, nouveau chef-lieu de département ?
- Toulon
- Aix-en-Provence
- Montpellier

LES SITES ET LES LIEUX
Quelle annexion permet la création de 2 nouveaux départements en 1871 ?
- la Corse
- la Flandre
- l'Alsace et la Lorraine

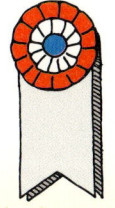

AOÛT 1792 — Chute de la monarchie

1871 — Annexion de l'Alsace et de la Lorraine

1964 — Création des départements de l'Ile-de-France

La conspiration du marquis de Favras

Le mouvement royaliste s'organise et tente maladroitement de sauver Louis XVI et sa famille.

LA RÉVOLUTION FRANÇAISE

58

LES DATES

AOÛT 1789 — La Fayette commandant de la garde nationale

JUIL. 1790 — Début du mouvement d'émigration royaliste

FÉV. 1790 — Exécution

Le crime de Favras

Le 19 février 1790, le marquis de Favras est pendu à Paris. Il est accusé d'avoir comploté pour faire évader le roi, assassiner La Fayette et Bailly, bloquer et affamer Paris pour permettre l'intervention d'une armée étrangère. Il semble que le marquis, un peu naïf, soit tombé dans un piège monté par La Fayette.

Les royalistes en fuite

Dès juillet 1789, les royalistes émigrent à l'étranger. C'est le cas du comte d'Artois, frère du roi et ses cousins, les princes de Condé et de Conti. De très nombreux officiers quittent aussi la France ainsi que des évêques et des curés. Il faut cependant attendre octobre 1791 pour que l'émigration soit punie de mort car assimilée à une conspiration.

Argent et ambition

Le marquis de Favras portait un titre qu'il n'avait sans doute pas mais il était un fervent royaliste protégé du comte de Provence, frère de Louis XVI. Sans un sou et très ambitieux, Favras crut pouvoir dans sa tentative trouver à la fois la gloire et l'argent. Mais il était trop bavard et trop naïf.

Le complot royaliste

Derrière Favras, c'est le comte de Provence, frère de Louis XVI qui est visé. Ce dernier, futur Louis XVIII, est très opposé à la Révolution et cherche à organiser un mouvement royaliste. La Fayette fait alors courir le bruit du complot. Mais l'opération échoue car le comte de Provence se justifie et lâche Favras.

LA PLACE DES SUPPLICIÉS

La place de Grève sur laquelle est exécuté le marquis de Favras est située face à l'Hôtel de Ville de Paris dont elle prend le nom à partir de 1789. C'est un lieu traditionnel de fêtes et de réjouissances des Parisiens mais aussi d'exécution capitale. La précédente était celle de deux gendarmes roués en 1784.

QUIZ

LES FAITS ET LES ÉVÉNEMENTS
Qui Favras est-il accusé de vouloir assassiner ?
- Louis XVI et sa famille
- La Fayette et Bailly
- Marat et Robespierre

LA VIE QUOTIDIENNE
Que font les royalistes à partir de juillet 1789 ?
- ils émigrent à l'étranger
- ils font construire des châteaux forts
- ils abandonnent leur titre de noblesse

LES HÉROS
Pourquoi la tentative de Favras échoue-t-elle ?
- le roi ne veut pas s'enfuir
- il a été trahi par le comte de Provence
- il est trop bavard et trop naïf

LES IDÉES, LES PHILOSOPHIES ET LES RELIGIONS
Qui est derrière le marquis de Favras ?
- Louis XVI
- Le comte de Provence, frère de Louis XVI
- Marie-Antoinette

LES SITES ET LES LIEUX
Où est la place de Grève, lieu des exécutions ?
- devant les Tuileries
- devant l'Hôtel de Ville de Paris
- sur les bords de la Seine

JUIN 1791 — Fuite de Louis XVI à Varennes

JUIN 1795 — Le comte de Provence devient Louis XVIII

Le club des Cordeliers

Le club des Cordeliers dirige les insurrections parisiennes mais gêne Robespierre qui fait exécuter ses dirigeants.

AVRIL 1790 — Création du club des Cordeliers

10 AOÛT 1792 — Chute de la monarchie

JUIN 1793
JUIL. 1794

L'HISTOIRE DE FRANCE

Le journaliste de «La France libre»
Avocat sans clientèle, Camille Desmoulins se lance dans la Révolution en participant à la prise de la Bastille. Il devient alors journaliste et entre au club des Cordeliers où il devient l'ami de Danton. Contre Hébert, il fait partie des «Indul-gents» qui souhaite la clémence. Robespierre le fait guillotiner le 5 avril 1794.

Un club gênant
Robespierre n'accepte pas les critiques du club des Cordeliers qui l'accuse de «modérantisme» et qui souhaite lancer une insurrection. En mars 1794, il fait arrêter les meneurs après les avoir accusés de conspiration. Hébert et les «Enragés» sont guillotinés le 24 mars 1794 à Paris.

Davantage de Terreur
Après la mort de Marat assassiné par Charlotte Corday en juillet 1793, le club est dominé par Hébert. Avec son groupe des «Enragés», il exige une Terreur beaucoup plus sévère et considère la politique menée par Robespierre bien trop modérée notamment à l'égard des possédants.

Couvents interdits
Il existe en France en 1789 environ 10 000 couvents. À Paris, il y en a 110, dont 42 pour les hommes et 68 pour les femmes. En 1790, tous les couvents sont supprimés par l'Assemblée Constituante. C'est alors que les clubs occupent les locaux des anciens couvents des Cordeliers ou des Jacobins.

UN CLUB D'AGITATEURS
La Société des amis des droits de l'homme et du citoyen, créée en avril 1790, est appelée club des Cordeliers du nom du couvent où elle s'installe. En 1791, le club compte 400 membres qui jouent un rôle capital dans l'organisation des journées révolutionnaires parisiennes grâce à Danton et Marat.

QUIZ

LES FAITS ET LES ÉVÉNEMENTS
Pourquoi ce club est-il appelé club des Cordeliers ?
- ses membres font des cordes toutes la journée
- c'est le nom du couvent où il s'installe
- parce qu'il est rue des Cordeliers

LES ARTS ET LES MONUMENTS
Quels bâtiments accueillent les clubs pendant la Révolution ?
- les cirques
- les couvents
- les églises

LES GUERRES ET LES BATAILLES
Quelle accusation porte Robespierre contre les «Enragés» d'Hébert ?
- trahison
- rébellion
- conspiration

LES HÉROS
De quel groupe est membre Camille Desmoulins ?
- les Danton's boys
- les «Enragés»
- les «Indulgents»

LES IDÉES, LES PHILOSOPHIES ET LES RELIGIONS
Que pense Hébert de la politique de Terreur de Robespierre ?
- elle est trop sévère
- il n'en pense rien car il est sourd, muet et aveugle
- elle est trop modérée

MARS 1794 — Exécution d'Hébert

AVRIL 1794 — Exécution de Camille Desmoulins

LA RÉVOLUTION FRANÇAISE

Les révolutionnaires fêtent leur victoire

Devant plus de 20 000 personnes, le roi Louis XVI jure de respecter la nouvelle Constitution.

LES DATES

14 JUIL. 1789 — Prise de la Bastille

14 JUIL. 1790 — Fête de la Fédération

20 JUIN 1791 — Fuite

L'HISTOIRE DE FRANCE

Les révolutionnaires et le roi rassemblés

Au milieu du Champ de Mars, à Paris, des délégués de la France entière viennent fêter la Révolution. Ils assistent à une grande messe célébrée par plus de 300 prêtres sous la direction de Talleyrand. Puis le roi jure devant tous de faire respecter la Constitution.

Les nouveaux pouvoirs municipaux

À partir de l'été 1789, dans les départements et les communes, les nouveaux dirigeants et les milices, les gardes nationales, se rassemblent dans des fédérations. Le 14 juillet 1790, elles envoient 14 000 délégués à Paris pour prononcer le serment de fidélité à la nation, à la loi et au roi.

La France divisée

Cette fête cache mal de grandes divisions parmi les Français ; ainsi dans l'armée, les officiers sont partisans de l'Ancien Régime alors que les soldats défendent la Révolution. Dans les campagnes, les paysans continuent à brûler les châteaux des nobles.

Un lieu de mobilisation des armées

Le Champ de Mars, qui est situé actuellement sous la tour Eiffel, était au Moyen âge le lieu de rassemblement et de manœuvre des soldats du roi. C'était au printemps, en mars, que le souverain réunissait sur cet espace les troupes avant de partir en guerre.

DEUX FÊTES SEULEMENT

En juillet 1791, la deuxième Fête de la fédération n'est pas organisée car la fuite ratée de Louis XVI au mois de juin est trop proche dans les mémoires. En 1792, les fédérés qui viendront pour la Fête joueront un grand rôle dans l'arrestation du roi, le 10 août suivant.

QUIZ

LES FAITS ET LES ÉVÉNEMENTS
Que jure le roi Louis XVI lors de la Fête de la fédération ?
☐ de faire respecter la Constitution
☐ de faire exiler les contre-révolutionnaires
☐ de supprimer les impôts

LES HÉROS
Comment se nomment les milices municipales ?
☐ la garde municipale
☐ la vieille garde
☐ la garde nationale

LES GUERRES ET LES BATAILLES
Que font les paysans dans les campagnes ?
☐ ils font la moissson
☐ ils brûlent les châteaux des nobles
☐ ils organisent des fêtes

LA VIE QUOTIDIENNE
Pourquoi la Fête de la fédération n'eut-elle pas lieu en 1791 ?
☐ à cause du temps pluvieux
☐ à cause de la fuite du roi
☐ personne ne voulait faire la fête

LES SITES ET LES LIEUX
Qui se rassemblait autrefois sur le Champ de Mars ?
☐ les paysans pour le marché
☐ les soldats avant le combat
☐ les étudiants avant les examens

10 AOÛT 1792 — Arrestation du roi et de sa famille

21 SEPT. 1793 — Abolition de la royauté

Le drapeau bleu, blanc, rouge

À partir de 1790, Paris se couvre de bleu, blanc, rouge ; trois couleurs à la mode mais aussi obligatoires.

LA RÉVOLUTION FRANÇAISE

64

LES DATES

14 JUIL. 1789 — Prise de la Bastille

JUIL. 1789 — Les Gardes nationales adoptent la cocarde tricolore

OCT. 1789 — Les Parisien...

L'HISTOIRE DE FRANCE

Un costume bleu, blanc rouge

En 1792, la nouvelle assemblée, la Convention, décrète obligatoire le port de la cocarde tricolore, même pour les femmes. Par ailleurs, un décret envoie devant le tribunal tous ceux qui arracheraient ou tenteraient d'arracher la cocarde tricolore. Paris se couvre de bleu, blanc et rouge.

L'inspirateur la Fayette

Le 15 juillet 1789, le marquis de La Fayette est nommé commandant en chef de la Garde nationale, sorte de milice chargée de mettre fin aux pillages qui se multiplient dans la capitale. Il lui impose la cocarde tricolore : le blanc représente la monarchie, le bleu et le rouge sont les couleurs de la ville de Paris.

Une insulte aux couleurs

Les trois couleurs se retrouvent sur les cocardes qui sont des insignes portés sur une coiffure. Le 1er octobre 1789, les cocardes aux couleurs de la ville de Paris sont foulées au pied par des gardes royaux. Le 5 octobre, les Parisiens furieux marchent sur Versailles et ramènent le roi à Paris.

Des couleurs qui s'imposent lentement

Si les couleurs bleu, blanc et rouge sont adoptées dès 1790 dans l'armée, c'est seulement après la proclamation de la République en septembre 1792 qu'apparaît le drapeau tricolore où les bandes de couleurs sont verticales. C'est-à-dire le drapeau que l'on connaît aujourd'hui.

UNE ARMÉE EN TRICOLORE

Le drapeau tricolore est imposé aux troupes de la marine, le 21 octobre 1790. Dès le lendemain, l'Assemblée ordonne d'attacher aux drapeaux blancs des régiments de l'armée de terre, une cravate tricolore. Finalement, en avril 1792, les anciens drapeaux des régiments sont brûlés.

QUIZ

LES FAITS ET LES ÉVÉNEMENTS
Sur quel accessoire vestimentaire apparaissent d'abord les trois couleurs du drapeau ?
- sur un pin's
- sur une cravate
- sur un nœud papillon

LA VIE QUOTIDIENNE
Avant d'apparaître sur le drapeau, où voit-on le bleu, blanc, rouge ?
- sur les cocardes
- sur des écharpes
- sur des chemises

LES HÉROS
Qui commande la Garde nationale à Paris en 1789 ?
- Robespierre
- Marat
- La Fayette

LES GUERRES ET LES BATAILLES
Que font les Parisiens au mois d'octobre 1789 ?
- un barbecue géant
- le premier marathon de Paris
- ils ramènent le roi de Versailles à Paris

LES IDÉES, LES PHILOSOPHIES ET LES RELIGIONS
À quel moment apparaît le drapeau avec des bandes verticales ?
- en septembre 1792
- avec Napoléon, en 1802
- sous la IIIe République, en 1875

OCT. 1790 — La marine militaire en bleu, blanc, rouge

SEPT. 1792 — Adoption du drapeau bleu, blanc rouge actuel

LA RÉVOLUTION FRANÇAISE

La création des clubs révolutionnaires

La fièvre politique s'empare des Français qui entrent par milliers dans les clubs révolutionnaires.

LES DATES

MAI 1789 — Réunion des états généraux

OCT. 1789 — Le Club bretons'installe chez les Jacobins

JUIN 1790 — Création du club des Cordeliers

Des sociétés politiques

Le terme de club désigne, à partir de 1788, des groupes se réunissant pour discuter des affaires politiques. À partir de 1789, la plupart des membres sont des députés élus aux états généraux. Les clubs les plus importants sont ceux des Jacobins, des Cordeliers et des Feuillants.

Les Jacobins

Le club des Jacobins est installé dans l'ancien couvent des Jacobins à Paris. Formé au départ de 200 députés, il compte, en juillet 1790, 1 200 membres et 152 succursales en province. À partir de 1791, le club se divise et devient, avec Brissot et Robespierre, partisan de la République.

Les moines hors la loi

Les clubs peuvent se réunir dans des couvents dont ils prennent le nom (Jacobins, Cordeliers, Feuillants), car, en 1790, l'Assemblée supprime les 10 000 couvents existants en France, dont 110 à Paris, et interdit en même temps les costumes religieux et les vœux monastiques.

Un club de Parisiens

À côté des clubs parlementaires il existe des clubs de quartiers. Le plus important est le club des Cordeliers, fondé en 1790. En font partie Marat, Danton, Hébert mais aussi la population du quartier. Ce club joue un rôle important dans les émeutes populaires contre le roi et l'Assemblée.

LES FEUILLANTS CONTRE LES JACOBINS

Le club des Feuillants est créé le 15 juillet 1791 à la suite d'une querelle au sein du club des Jacobins. En effet, les modérés, tels La Fayette et Barnave, refusent de signer la pétition demandant la déchéance de Louis XVI. Alors que le club des Jacobins devient l'organe directoire de la Montagne et prépare les séances de la Convention.

QUIZ

LES FAITS ET LES ÉVÉNEMENTS
Qui sont les principaux membres des clubs en 1789 ?
- les royalistes
- les députés des états généraux
- les femmes des députés

LA VIE QUOTIDIENNE
Quelle politique soutient le club des Jacobins ?
- la politique du plus fort
- la collaboration avec le roi
- la République

LES SITES ET LES LIEUX
Pourquoi les clubs se réunissent dans d'anciens couvents ?
- les moines les ont invités
- les couvents sont interdits aux religieux
- les révolutionnaires sont très pratiquants

LES GUERRES ET LES BATAILLES
Quel club est créé à la suite d'un conflit chez les Jacobins ?
- les Feuillus
- les Feuillants
- les Feuilletés

LES IDÉES, LES PHILOSOPHIES ET LES RELIGIONS
Dans quelles circonstances se fait remarquer le club des Cordeliers ?
- les défilés à la gloire du roi
- les émeutes populaires contre le roi
- le carnaval de Paris

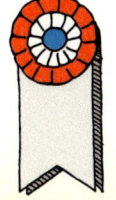

JUIL. 1791 — Création du club des Feuillants

JANV. 1793 — Exécution de Louis XVI

JUIL. 1794 — Exécution de Robespierre

Les révolutionnaires s'organisent en sections

Les sans-culottes prennent le pouvoir à Paris et soutiennent la politique de Terreur de Robespierre.

LA RÉVOLUTION FRANÇAISE

68

LES DATES

14 JUIL. 1789 — Prise de la Bastille

JUIN 1790 — Création des sections à Paris

AOÛT 1792 — Création Commune

L'HISTOIRE DE FRANCE

Les sans-culottes maîtres des sections
À partir de 1792, les assemblées de citoyens dans les sections sont quotidiennes et les plus durs, c'est-à-dire les sans-culottes s'imposent. Le tutoiement est obligatoire et certaines sections, notamment celle du Faubourg Saint-Antoine, disposent d'armes et multiplient les manifestations.

Une figure du faubourg
Antoine-Joseph Santerre est un riche brasseur du faubourg Saint-Antoine. Le 10 août 1792, il devient commandant de la garde nationale. C'est aussi lui qui accompagne Louis XVI sur l'échafaud et ordonne le roulement de tambour qui couvre la voix du roi s'adressant à la foule.

La Commune insurectionnelle de Paris
À l'initiative du faubourg Saint-Antoine, certaines sections révolutionnaires forment le 10 août 1792, la Commune insurrectionnelle de Paris. Ce nouveau pouvoir appelle alors les sans-culottes à prendre d'assaut les Tuileries et emprisonner Louis XVI et sa famille. C'est la fin de la monarchie.

Le sanctuaire révolutionnaire de Paris
Le faubourg Saint-Antoine est situé à l'est de Paris et comprend le quartier de la Bastille. C'est un quartier d'artisans menuisiers. Sous la Révolution, les citoyens de la section du faubourg le rebaptisent faubourg de Gloire en hommage au rôle de ses habitants en 1789.

LA RÉORGANISATION DE PARIS
Le 27 juin 1790, Paris est divisé en 48 sections qui portent le nom d'une rue ou d'un quartier. Chaque section désigne quatre représentants qui siègent au Conseil général de Paris. Les citoyens de chaque section se réunissent en assemblée environ tous les dix jours et discutent des événements.

QUIZ

LES FAITS ET LES ÉVÉNEMENTS
Combien de sections existent à Paris ?
- 20
- 35
- 48

LA VIE QUOTIDIENNE
Quels personnages s'imposent dans les sections à partir de 1792 ?
- les Girondins
- les royalistes
- les sans-culottes

LES HÉROS
Quel métier exerçait Santerre avant de commander la Garde nationale ?
- patron de bar
- brasseur
- boulanger

LES GUERRES ET LES BATAILLES
Que décide la Commune insurrectionnelle en août 1792 ?
- rassembler une armée contre les Autrichiens
- prendre d'assaut les Tuileries
- organiser un barbecue au Louvre

LES SITES ET LES LIEUX
Quel est le nom révolutionnaire du faubourg Saint-Antoine ?
- le faubourg sans-culotte
- le faubourg de Gloire
- le faubourg Robespierre

AOÛT 1792 — Chute de la royauté

OCT. 1795 — Suppression des sections

Fouché, révolutionnaire sans scrupules

Attiré par le pouvoir et l'argent, Fouché accepte de servir et de trahir tous les pouvoirs.

1759 — Naissance de Joseph Fouché

1792 — Élu député à la Convention

1793 — Organise

L'HISTOIRE DE FRANCE

Fouché tourne sa veste
Après la répression de Lyon à la fin du mois d'octobre 1793, Fouché adopte une attitude plus modérée et élimine à leur tour les sans-culottes. Robespierre n'apprécie pas et le fait exclure du club des Jacobins. Fouché décide alors de soutenir les opposants de l'Incorruptible qui le destitue en juillet 1794.

Un provincial en Révolution
Fouché fait la connaissance de Robespierre en 1788 alors qu'il enseigne au collège d'Arras. En 1789, il adhère aux idées révolutionnaires et devient président du club des Jacobins de Nantes en 1790. Cela lui permet d'être élu en 1792 député à la Convention et bientôt de participer activement à la politique.

Le massacre des Lyonnais
Fouché reçoit son surnom de « mitrailleur de Lyon » en 1793 lorsqu'il est envoyé en mission pour mater l'insurrection des habitants contre la municipalité sans-culotte qui fait régner la terreur. La guillotine ne suffisant pas, Fouché accepte alors de faire mitrailler aux canons les habitants.

Fouché marieur
Alors qu'il avait fait ses études chez les oratoriens de Nantes, Fouché se retourne contre les religieux lorsqu'il a des responsabilités politiques. Ainsi en 1793, dans la Nièvre il impose la disparition de tous les signes extérieurs du culte et donne un mois aux prêtres pour se marier !

UN OPPORTUNISTE
Fouché, comme Talleyrand, sert tous les pouvoirs entre 1789 et 1815. Il défend la Terreur jusqu'en 1794. Puis il soutient le coup d'État contre Robespierre et entre au service de Bonaparte. Après la chute de Napoléon Ier, il obtient encore un poste de ministre de Louis XVIII, frère de Louis XVI dont il a voté la mort en 1793 !

QUIZ

LES FAITS ET LES ÉVÉNEMENTS
Que vote Fouché lors du procès de Louis XVI ?
- ■ l'acquittement du roi
- ■ la mort du roi
- ■ la prison à vie

LA VIE QUOTIDIENNE
À quel club appartient Fouché ?
- ■ le club des Cordeliers
- ■ le club des Jacobins
- ■ le club des Opportunistes

LES HÉROS
Quel futur révolutionnaire rencontre Fouché en 1788 ?
- ■ Marat
- ■ Bailly
- ■ Robespierre

LES GUERRES ET LES BATAILLES
Que fait Fouché pour réprimer les insurgés de Lyon ?
- ■ il les fait jeter dans le Rhône
- ■ il les fait mitrailler aux canons
- ■ il fait brûler la ville

LES IDÉES, LES PHILOSOPHIES ET LES RELIGIONS
Qu'impose Fouché aux prêtres de la Nièvre ?
- ■ un impôt révolutionnaire
- ■ de se marier dans un délai d'un mois
- ■ de démissionner

1794 — Fouché renvoyé par Robespierre

1799 — Ministre de la Police

LA RÉVOLUTION FRANÇAISE

72

Talleyrand : l'art de trahir et rester au pouvoir

Intrigant et intelligent, Talleyrand traverse la Révolution en offrant ses services à tous les camps.

LES DATES

1754 — Naissance de Charles-Maurice Talleyrand-Périgord

1788 — Évêque d'Autun

MAI 1789 — Élu au

L'HISTOIRE DE FRANCE

Partisan de Bonaparte
Malgré ses multiples trahisons, Talleyrand a une carrière extraordinaire. Il soutient Bonaparte dès la campagne d'Égypte puis prépare en secret le coup d'État du 18-Brumaire. Une fois au pouvoir, Bonaparte confie à Talleyrand le poste de ministre des Affaires étrangères et le fait prince de Bénévent en 1806.

Une trahison contre le clergé
Talleyrand est délégué du clergé aux états généraux de 1789. Sa première trahison est la proposition qu'il fait en octobre de mettre à la disposition de la nation les biens du clergé. Il affaiblit un peu plus le clergé qui depuis le 4 août et l'abolition des privilèges vit grâce à l'assistance de l'État.

Une carrière sans vocation
Talleyrand doit son surnom de «Diable boiteux» à une infirmité consécutive à un accident de jeunesse. Issu d'une grande famille, il est destiné à l'église sans pourtant avoir la vocation. C'est grâce à son oncle archevêque de Reims qu'il est nommé évêque d'Autun en 1788.

Dans les deux camps
En 1792, Talleyrand se voit confier par Danton une mission en Angleterre. Au bout de trois mois, les révolutionnaires parisiens découvrent une lettre de Talleyrand offrant ses services au roi Louis XVI. Il est alors décrété en état d'accusation et ne peut rentrer en France sous peine d'être arrêté voire décapité.

L'ÉVÊQUE RÉVOLUTIONNAIRE
Le 14 juillet 1790 se tient sur le Champ-de-Mars à Paris la Fête de la Fédération. Talleyrand est charger de célébrer la messe indiquant ainsi qu'il se rallie à la Révolution. En janvier 1791, il se démet de son évêché d'Autun et sacre les premiers évêques constitutionnels. Le pape l'excommunie alors.

QUIZ

LES FAITS ET LES ÉVÉNEMENTS
Quel poste confie Bonaparte à Talleyrand ?
- Grand chambellan
- Ministre des sports
- Ministre des Affaires étrangères

LA VIE QUOTIDIENNE
Que fait Talleyrand pour trahir le clergé ?
- il se marie avec la sœur de Robespierre
- il propose la nationalisation des biens du clergé
- il détourne l'argent du clergé

LES IDÉES, LES PHILOSOPHIES ET LES RELIGIONS
Quelle sanction prononce le pape contre Talleyrand ?
- l'excommunication
- le bannissement
- la sanctification

LES HÉROS
D'où provient le boitement de Talleyrand ?
- d'une erreur médicale
- d'un accident de jeunesse
- de naissance

LES GUERRES ET LES BATAILLES
À qui Talleyrand offre-t-il ses services en trahissant Danton ?
- à Marie-Antoinette
- au comte de Provence
- à Louis XVI

états généraux | OCT. 1789 Nationalisation des biens du clergé | 1792 Talleyrand décrété d'accusation

LA RÉVOLUTION FRANÇAISE

La Constitution met fin à la monarchie absolue

Par la nouvelle constitution, Louis XVI conserve des pouvoirs mais il n'est plus le seul maître à bord.

LES DATES

20 JUIN 1791 — Fuite de Louis XVI

17 JUIL. 1791 — Fusillade du Champ-de-Mars

14 SEPT. 1791 — Promulgation d

L'HISTOIRE DE FRANCE

Louis XVI reste le roi
La constitution est proclamée le 14 septembre 1791. Louis XVI, «roi des Français» conserve des pouvoirs importants : il désigne et renvoie les ministres, il est le chef des armées et peut bloquer pendant quatre ans l'application d'une loi votée par l'Assemblée grâce à son «veto».

L'élection de l'Assemblée
La désignation des députés est très compliquée à l'époque. Les hommes de plus de 25 ans payant un impôt équivalent à trois jours de travail élisent des assemblées. Les membres de ces assemblées élisent à leur tour des députés qui doivent payer un impôt égal à 51 jours de travail.

Déjà la gauche et la droite
Les 745 députés de l'Assemblée se partagent en trois groupes. À droite 264 monarchistes constitutionnels qui défendent le partage des pouvoirs entre le roi et l'Assemblée. À gauche 136 Jacobins qui souhaitent la déchéance du roi et enfin au centre 345 députés sans opinion particulière.

La fusillade du Champ-de-Mars
Après la fuite du roi en juin 1791, certains Parisiens se rassemblent sur le Champ-de-Mars pour exiger la déchéance de Louis XVI. Bailly, maire de Paris, donne l'ordre à La Fayette de disperser la foule. La fusillade coûte la vie à une trentaine de manifestants.

LA FIN DE LA TOUTE-PUISSANCE DU ROI
La Constitution de 1791 met un terme à la monarchie absolue car le roi ne dispose plus de tous les pouvoirs. Ainsi l'Assemblée propose et décrète les lois, règle les dépenses publiques et décrète la guerre. Mais surtout elle est élue par les Français même si tous ne participent au vote.

QUIZ

LES FAITS ET LES ÉVÉNEMENTS
Quel est le titre de Louis XVI en 1791 ?
- roi de France
- roi des Français
- citoyen Louis

LA VIE QUOTIDIENNE
Qui peut être député à l'Assemblée ?
- tout le monde
- les hommes qui payent 51 jours de travail en impôt
- les plus de 35 ans

LES HÉROS
Comment se nomment les députés qui siègent à gauche dans l'Assemblée ?
- les gauchistes
- les Jacobins
- les égarés

LES GUERRES ET LES BATAILLES
Combien de manifestants trouvent la mort sur le Champ-de-Mars ?
- 10
- 30
- 100

LES IDÉES, LES PHILOSOPHIES ET LES RELIGIONS
À quel régime met fin la Constitution de 1791 ?
- l'autocratie
- la monarchie absolue
- la république

AVRIL 1792 — L'assemblée vote la guerre

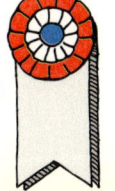

10 AOÛT 1792 — Arrestation du roi

LA RÉVOLUTION FRANÇAISE

Les Chevaliers du poignard au secours du roi

Retenue et surveillée aux Tuileries, la famille royale songe à l'évasion.

LES DATES

FÉV. 1791
Les «Chevaliers du poignard» aux Tuileries

AVRIL 1791
La famille royale est retenue aux Tuileries

JUIN 1791
Fuite

L'HISTOIRE DE FRANCE

Une prison dorée
À partir de 1791, la surveillance autour de la famille royale se resserre. Au mois d'avril 1791, Louis XVI et sa famille sont empêchés par la foule et la garde nationale de se rendre à Saint-Cloud et doivent demeurer aux Tuileries. Marie-Antoinette encourage alors le roi à organiser leur fuite de juin.

La reine veut fuir
Marie-Antoinette joue un rôle capital dans la fuite à Varennes. Entourée d'intrigants en rapport constant avec la cour autrichienne, elle encourage Louis XVI à la résistance au début de la Révolution puis, comprenant que ses efforts sont vains, à la fuite et à l'intervention militaire étrangère.

L'espoir de Jalès
À Jalès, dans le Vivarais, se constitue dès 1789 un camp accueillant les nobles catholiques hostiles à la Révolution. En contact avec les princes exilés à Coblence, ils espèrent une intervention de l'Espagne. En fait, leurs effectifs ne dépassent pas les 2000 hommes et en 1793 ils sont écrasés par l'armée régulière.

Une affaire trouble
L'affaire reste trouble encore aujourd'hui. Il semble qu'une rumeur ait attiré vers le château de Vincennes ceux qui gardaient Louis XVI afin de lui permettre de s'échapper des Tuileries. Mais il n'y eut aucune évasion en février et, au contraire, la garde du roi fut renforcée.

ILS VOLENT AU SECOURS DU ROI
Le 28 février 1791, plusieurs centaines de jeunes nobles se groupent au château des Tuileries où sont retenus le roi et sa famille. Ils viennent offrir leur soutien à Louis XVI après qu'une rumeur d'attentat contre le roi a circulé. Portant pistolets et poignards ils sont alors baptisés les « Chevaliers du poignard ».

QUIZ

LES FAITS ET LES ÉVÉNEMENTS
Pourquoi les « Chevaliers du poignard » se rendent-ils aux Tuileries ?
- ils craignent un attentat contre le roi
- ils vont faire une partie de jeu de paume
- ils veulent découper le gigot

LA VIE QUOTIDIENNE
Qui encourage le roi à fuir Paris ?
- Marie-Antoinette
- Robespierre
- La Fayette

LES HÉROS
Qu'espère Marie-Antoinette pour échapper aux révolutionnaires ?
- une intervention étrangère
- une aide du ciel
- un soulèvement populaire

LES GUERRES ET LES BATAILLES
Qui se rassemblent dans le camps de Jalès ?
- des mercenaires allemands
- des nobles catholiques contre-révolutionnaires
- des scouts

LES SITES ET LES LIEUX
Quelle est la résidence du roi à Paris ?
- l'Élysée
- les Tuileries
- les Invalides

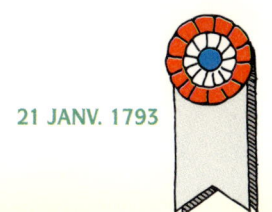

---

rrestation du roi | 21 JANV. 1793 — Exécution de Louis XVI | 16 OCT. 1793 — Marie-Antoinette guillotinée

La Loi Le Chapelier interdit les corporations

Les révolutionnaires étendent les libertés individuelles au commerce et à l'artisanat.

LA RÉVOLUTION FRANÇAISE

78

LES DATES

MARS 1791 — Loi sur la libre entreprise

JUIN 1791 — Fuite et arrestation du Roi à Varennes

JUIN 1791 — Loi L

La loi Le Chapelier, une loi ambitieuse

Le 14 juin 1791 est votée la loi Le Chapelier qui interdit toute association entre citoyens de même profession. En fait, Il s'agit surtout d'interdire aux patrons de se coaliser pour fixer le prix de leurs produits, aux ouvriers de s'associer pour faire grève et développer la libre entreprise.

Un modéré dans la tourmente

Breton, Le Chapelier est élu aux états généraux en 1789 et représente le tiers état de Rennes. C'est un modéré qui s'éloigne de la Révolution à partir de 1792 et quitte même le club des Jacobins dont il est un des fondateurs. Soupçonné à tort d'être un agent de l'Angleterre, il est guillotiné le 22 avril 1794.

Libéralisme économique

Les révolutionnaires de 1789 souhaitent développer la libre entreprise au nom de la liberté individuelle. Le 2 mars 1791, ils votent la loi d'Allarde qui indique que désormais «il sera libre à toute personne de faire tel négoce ou d'exercer telle profession, art ou métier qu'elle trouvera bon». C'est le début du libéralisme économique.

Le péage des Champs-Élysées

Le territoire français était truffé de barrières de péage, de douanes intérieures et d'octroi à l'entrée des villes. Dans leur volonté de liberté, les révolutionnaires suppriment ces entraves au commerce. Ainsi, par exemple, le péage à l'entrée de Paris aux Champs-Élysées est supprimé en 1791.

LE POUVOIR ABSOLU DES CORPORATIONS

Jusqu'en 1791, les artisans, boutiquiers et commerçants étaient organisés en corporations. Ces associations possédaient le monopole du travail dans leur branche. Elles étaient souvent mises en cause dans les cahiers de doléances au nom de la liberté du travail.

QUIZ

LES FAITS ET LES ÉVÉNEMENTS
Qu'interdit aux ouvriers la loi Le Chapelier ?
- la pause du midi
- la grève
- le bonnet rouge

LA VIE QUOTIDIENNE
Pourquoi les corporations sont-elles si puissantes ?
- elles sont très riches
- elles contrôlent des hommes politiques
- elles ont le monopole du travail

LES IDÉES, LES PHILOSOPHIES ET LES RELIGIONS
Quelle doctrine économique est mise en place en 1791 ?
- le socialisme
- le libéralisme
- le collectivisme

LES HÉROS
Pourquoi Le Chapelier est-il guillotiné ?
- il est favorable aux royalistes
- il est soupçonné d'être un agent de l'Angleterre
- il a écrit un article contre Robespierre

LES SITES ET LES LIEUX
Où supprime-t-on une barrière de péage à Paris en 1791 ?
- au Bois de Vincennes
- sur les Champs-Élysées
- sur la colline de Montmartre

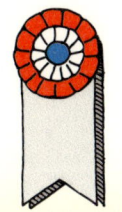

JUIL. 1791 — Fusillade du Champ-de-Mars

AVRIL 1794 — Le Chapelier guillotiné

LA RÉVOLUTION FRANÇAISE

Louis XVI est arrêté par des révolutionnaires

Un postier reconnaît le roi sur une pièce de monnaie et prévient les révolutionnaires qui l'arrêtent à Varennes.

80

LES DATES

14 JUIL. 1789 — Prise de la Bastille

6 OCT. 1789 — Le roi est ramené de Versailles à Paris

20 JUIN 1791 — Le roi s'e

L'HISTOIRE DE FRANCE

Les échecs de Louis XVI

Louis XVI refuse les réformes de la Révolution ; dès 1790, il cherche à fuir la France pour retrouver ses partisans à l'étranger. Mais les Parisiens se méfient. En avril 1791, lorsque le roi veut gagner Saint-Cloud, la foule l'oblige déjà à rebrousser chemin.

Le roi protégé par l'Assemblée

Lorsque les Parisiens apprennent la fuite du roi, ils détruisent les statues du souverain et les fleurs de lys. Cependant, les députés de l'Assemblée craignent les violences et font afficher les consignes sur les murs de la capitale : " Quiconque applaudira le roi sera bâtonné, quiconque l'insultera sera pendu. "

La monarchie mise en cause

La fuite du roi renforce les républicains, hostiles à la monarchie. Pourtant en 1791, la majorité des révolutionnaires souhaite encore la présence d'un roi mais plus tout-puissant. Le nouveau régime devra être une monarchie constitutionnelle, c'est-à-dire que le roi devra partager son pouvoir avec une assemblée élue.

Les émigrés

Beaucoup de nobles et de militaires qui s'opposent à la Révolution ont quitté la France dès 1789. On les appelle les émigrés. En font aussi partie le frère du roi, le comte d'Artois et ses cousins. Dès 1791, les émigrés sont passibles de la peine de mort en cas d'arrestation.

LA FUITE DE LOUIS XVI

Le 20 juin 1791, Louis XVI décide de fuir Paris pour rejoindre à Metz des troupes qui lui sont restées fidèles. Le 21 juin, il est arrêté à Varennes en Argonne puis ramené à Paris. Lors de son passage, la foule garde le silence et reste couverte pour manifester son mécontentement.

QUIZ

LES FAITS ET LES ÉVÉNEMENTS
Dans quelle commune du nord-est de la France le roi est-il reconnu ?
- Charleville-Mézières
- Varennes
- Reims

LES HÉROS
Où Louis XVI compte-t-il se réfugier ?
- à Versailles
- à l'étranger
- à Metz

LA VIE QUOTIDIENNE
Qui refusent les violences contre le roi et sa famille en 1790 ?
- les Parisiens
- les députés
- les provinciaux

LES IDÉES, LES PHILOSOPHIES ET LES RELIGIONS
Comment nomme-t-on un régime où le pouvoir est partagé entre le roi et une assemblée ?
- une monarchie absolue
- une monarchie constitutionnelle
- une république

LES SITES ET LES LIEUX
Quelle peine encourent les Français qui émigrent à l'étranger pour fuir la Révolution ?
- la prison
- le bagne
- la mort

21 JUIN 1791 — Le roi est reconnu à Varennes

10 AOÛT 1792 — Chute de la monarchie

LA RÉVOLUTION FRANÇAISE

La fusillade du Champ-de-Mars

À partir de 1791, les républicains s'opposent à l'Assemblée et au roi Louis XVI.

LES DATES

JUIN 1791 — Échec de la fuite du roi

14 JUIL. 1791 — Fête de la Fédération

17 JUIL. 1791 — Fusillade du Champ-de-Mars

La pétition
Après la fuite du roi à Varennes en juin 1794, certains révolutionnaires regroupés dans le club des Cordeliers font signer une pétition pour exiger la déchéance de Louis XVI. Une foule de 50 000 personnes se presse au Champ-de-Mars pour la signer lorsque des coups de feu partent tuant 30 personnes.

Les Cordeliers au front
Le club des Cordeliers qui organise la manifestation se prétend la voix du petit peuple de Paris. Il est mené par Danton et Marat, qui vont prendre des positions très favorables à la Terreur. Ce club est à l'origine de tous les mouvements insurrectionnels dans la capitale.

Le héros La Fayette
C'est La Fayette, héros de la guerre d'Indépendance des États-Unis, commandant de la garde nationale, qui reçoit l'ordre de disperser la foule en ouvrant le feu. Il est partisan d'une monarchie constitutionnelle, un régime associant les pouvoirs de l'Assemblée et du roi.

République contre monarchie
La manifestation et la pétition demandant la déchéance du roi sont organisées par les républicains du Club des Cordeliers. Ils considèrent que Louis XVI, en tentant de fuir, s'est discrédité et ne peut plus régner. Ils demandent son remplacement par un conseil exécutif.

LA FUSILLADE
C'est la découverte de deux hommes dissimulés sous l'autel de la patrie puis exécutés par la foule rassemblée sur le Champ-de-Mars qui fournit alors le prétexte à Bailly, maire de Paris, de faire intervenir la garde nationale sous le commandement de La Fayette. La fusillade est courte mais 30 manifestants sont tués et beaucoup arrêtés.

QUIZ

LES FAITS ET LES ÉVÉNEMENTS
Qu'exige la pétition signée au Champ-de-Mars ?
- du pain et du vin
- la déchéance de Louis XVI
- l'augmentation des salaires

LA VIE QUOTIDIENNE
Quel club est à l'origine de la manifestation ?
- le club des Cordonniers
- le club des Cordeliers
- le club des Cinq

LES HÉROS
Quelle guerre a fait de La Fayette un véritable héros ?
- les guerres de Religion
- la guerre contre l'Espagne
- la guerre d'Indépendance des États-Unis

LES GUERRES ET LES BATAILLES
Qui ordonne à la garde nationale d'ouvrir le feu ?
- Louis XVI
- Bailly, le maire de Paris
- Personne, c'est un accident

LES IDÉES, LES PHILOSOPHIES ET LES RELIGIONS
Quels noms portent les partisans d'un régime sans roi ?
- les républicains
- les anarchistes
- les monarchistes

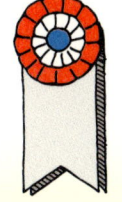

SEPT. 1791 — Le roi est rétabli dans ses pouvoirs

10 AOÛT 1792 — Arrestation de Louis XVI

21 SEPT. 1793 — Abolition de la royauté

Les juifs de France reconnus citoyens

Les 35 000 juifs de France deviennent 35 000 juifs français, citoyens à part entière.

LA RÉVOLUTION FRANÇAISE

LES DATES

MAI 1789	20 JANV. 1790	27 SEPT. 1791
Réunion des états généraux	Citoyenneté pour les juifs du sud-ouest	Décre... des juif...

L'HISTOIRE DE FRANCE

Deux poids deux mesures
La communauté juive du Bordelais est très bien intégrée à la bourgeoisie locale et est reconnue depuis 1776. Par contre, les juifs de l'est, parlant le yiddish, restent en marge de la société. Ainsi, ils ne sont pas acceptés comme électeurs aux états généraux de 1789 contrairement aux juifs du sud-ouest.

Le rôle de l'abbé Grégoire
L'un des plus fervents défenseurs de l'émancipation des juifs est l'abbé Grégoire. Très tôt, il s'était penché sur la condition des juifs en publiant une enquête en 1788. Élu aux états généraux de 1789, c'est grâce à son action que les trois ordres font leur jonction et créent l'Assemblée Nationale.

La Terreur s'exerce contre les juifs
Les juifs forment une communauté particulièrement touchée par la Terreur. Ils sont victimes de la déchristianisation et persécutés comme les catholiques et les protestants. Il faut attendre la chute de Robespierre en 1794 pour que les synagogues puissent être à nouveau ouvertes.

Deux communautés
La France accueille deux communautés juives. 5000 séfarades, originaires du Portugal et d'Espagne, venus en France au XVIe siècle, se concentrent à Bayonne et à Bordeaux. 30 000 ashkénazes, originaires d'Europe centrale sont installés en Alsace et en Lorraine.

UNE RECONNAISSANCE EN DEUX TEMPS
Le 28 janvier 1790, la citoyenneté française est accordée aux juifs d'origine hispano-portugaise du sud-ouest de la France. Mais il faut attendre le 27 septembre 1791 pour que l'ensemble de la communauté juive obtienne une véritable reconnaissance et la citoyenneté avec le Décret d'émancipation des juifs de France.

QUIZ

LES FAITS ET LES ÉVÉNEMENTS
Quelle communauté juive reçoit la citoyenneté dès 1790 ?
- la communauté italienne
- la communauté hispano-portugaise
- la communauté allemande

LA VIE QUOTIDIENNE
Quelle langue parlent les juifs d'Alsace et de Lorraine ?
- l'allemand
- le yiddish
- l'arabe

LES SITES ET LES LIEUX
Où se concentre la communauté séfarade ?
- à Paris
- à Bordeaux et Bayonne
- à Nice

LES HÉROS
Quel célèbre abbé s'est intéressé au sort des juifs ?
- Talleyrand
- l'abbé Grégoire
- Sieyès

LES GUERRES ET LES BATAILLES
Quelle période de la Révolution est particulièrement difficile pour les juifs ?
- Thermidor
- La Terreur
- La Convention

émancipation e France

1793 JUIL. 1794
Terreur

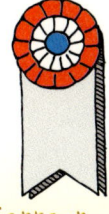

JUIL. 1794
Exécution de Robespierre

Les Girondins, révolutionnaires sans violence

Les Girondins sont emportés par le tourbillon meurtrier de la Terreur souhaitée par Robespierre.

LA RÉVOLUTION FRANÇAISE

86

LES DATES

SEPT. 1791
Réunion de l'Assemblée législative

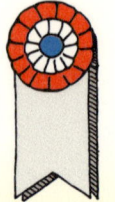

AVRIL 1792
Déclaration de guerre de la France

JANV. 1793
Procè
exécutio

L'HISTOIRE DE FRANCE

Les provinciaux
Au mois d'octobre 1791 s'ouvrent les réunions de l'Assemblée législative. Rapidement un groupe de députés se forme derrière le journaliste Brissot de Warville et les représentants du département de la Gironde. On y trouve de nombreux avocats et journalistes. Ils prennent le nom de Brissotins (du nom d'un de ses principaux représentants) ou Girondins.

Sauver le roi ou obtenir un sursis
Lors du procès de Louis XVI les Girondins se séparent des Montagnards. En effet, ils ne veulent pas voter la mort du roi mais préfèrent en appeler au peuple. Une fois le roi condamné à une faible majorité, les Girondins tentent de demander un sursis, mais c'est un nouvel échec.

Un aventurier en politique
Brissot est avant son élection à l'Assemblée législative un aventurier compromis dans des affaires louches. Il est très écouté des Girondins dont il devient une figure importante. Cependant il s'oppose vite à Robespierre qui obtient sa condamnation. Il est guillotiné au mois d'octobre 1793.

Les Girondins trahis
Les Girondins sont favorables à la guerre. Ils estiment qu'elle peut permettre aux peuples d'Europe de se libérer de leur régimes tyranniques. Mais ils sont affaiblis par les défaites et surtout par la trahison du général Dumouriez, très proche des Girondins. Celui-ci en effet passe à l'ennemi autrichien en 1793.

CONTRE LA DICTATURE
Les Girondins sont d'abord alliés à Robespierre contre la monarchie. Cependant, le développement du mouvement des sans-culottes inquiète les Girondins opposés à la dictature parisienne. Sous la Terreur ils s'opposent au Tribunal révolutionnaire mais sont finalement guillotinés en 1793.

QUIZ

LES FAITS ET LES ÉVÉNEMENTS
Quelles activités exercent surtout les députés Girondins ?
- Viticulteurs
- Avocats et journalistes
- Marins pêcheurs

LA VIE QUOTIDIENNE
Quelle est l'opinion des Girondins lors du procès de Louis XVI ?
- ils votent la mort
- ils ne votent pas la mort
- ils refusent de donner leur avis

LES HÉROS
Qui est Brissot avant d'être l'un des plus fameux Girondins ?
- un aventurier
- un acteur de théâtre
- un montreur d'ours

LES GUERRES ET LES BATAILLES
Quel commandant français trahit son pays et passe à l'ennemi ?
- Hoche
- Dumouriez
- Carnot

LES IDÉES, LES PHILOSOPHIES ET LES RELIGIONS
Comment disparaît le groupe des Girondins ?
- il sont guillotinés
- ils s'enfuient à l'étranger avec Louis XVIII
- ils se replient tranquillement en Gironde

JUIN 1793 — Arrestation des Girondins

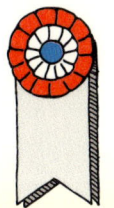

JUIL. 1794 — Exécution de Robespierre

LA RÉVOLUTION FRANÇAISE

La folie des jeux s'empare des Parisiens

Les révolutionnaires veulent moraliser les jeux mais ne suppriment la loterie que provisoirement.

LES DATES

1539 — Première loterie en France

1776 — Création de la Loterie royale

1789 — Projet d'une loterie patriotique

L'HISTOIRE DE FRANCE

Les Français et les jeux

Les Français aiment les jeux d'argent et de hasard depuis très longtemps. D'ailleurs, le pouvoir cherche à y mettre fin sans résultat depuis Charles V, à la fin du XIVe siècle. Ainsi entre 1717 et 1781, douze édits interdisent en vain les jeux d'argent. La Révolution n'aura pas plus de succès.

Les jeux des Français

Les jeux à la mode sont les jeux de dés du casino, notamment le creps et la roulette mais aussi les jeux plus classiques comme les dames, les dominos et le jeu de l'oie. Dans la rue domine le bonneteau qui consiste à reconnaître parmi trois cartes mélangées celle que l'on a choisie au départ.

La Révolution contre les jeux

Certains révolutionnaires veulent créer une «loterie patriotique» interdite aux plus pauvres pour ne pas les ruiner. En fait, dès 1793, les loteries nationales sont supprimées. La Révolution a aussi cherché à remplacer sur les cartes à jouer les rois et les reines par des effigies patriotiques. Sans succès.

L'invention de la loterie

C'est en 1776 qu'une Loterie royale est créée. Quatre-vingt-dix boules numérotées sont placées dans une roue et un enfant doit en extraire cinq. Les tirages ont lieu deux fois par mois. Cette loterie a comme fonction de fournir de l'argent à l'État et elle lui rapporte plus de 7 millions de livres chaque année.

LA CAPITALE DU JEU

À Paris, le quartier du jeu est celui du Palais-Royal, qui compte plus de vingt maisons de jeu, ancêtres des casinos. On parle des « 40 cavernes » car à côté de ces établissements reconnus et souvent huppés, il y a des dizaines de tripots louches qui ne seront finalement fermés qu'en 1838.

QUIZ

LES FAITS ET LES ÉVÉNEMENTS
Depuis quand le pouvoir cherche-t-il à mettre fin aux jeux d'argent ?
- depuis les Romains
- depuis des lustres
- depuis Charles V, au XIVe siècle

LA VIE QUOTIDIENNE
Quel est le nom du jeu de cartes qui se joue dans les rues de Paris ?
- la bonnetière
- le bonneteau
- la bonbonnière

LES GUERRES ET LES BATAILLES
Que les révolutionnaires veulent-ils supprimer sur les cartes à jouer ?
- les couleurs
- les piques
- les rois et les reines

LES IDÉES, LES PHILOSOPHIES ET LES RELIGIONS
À quelle fin la Loterie royale est-elle créée en 1776 ?
- pour occuper le peuple
- pour la propagande royale
- pour fournir de l'argent à l'État

LES SITES ET LES LIEUX
Où se situe le quartier des jeux à Paris sous la Révolution ?
- aux Halles
- à Pigalle
- au Palais-Royal

1793 — Suppression des loteries

1797 — Rétablissement de la Loterie de France

MAI 1933 — Création de la Loterie nationale

Bonaparte chasse les Anglais de Toulon

La France est en guerre contre l'ensemble de l'Europe et doit faire feu sur tous les fronts.

LA RÉVOLUTION FRANÇAISE

LES DATES

- 1769 — Naissance de Bonaparte
- AVR. 1722 — La France en guerre
- DÉC. 1793 — Les Anglais chassés de Toulon

L'HISTOIRE DE FRANCE

Un discret militaire
Bonaparte est né en Corse en 1769. À 10 ans, il entre au collège militaire de Brienne puis dans l'armée en 1784. Au début de la Révolution, il semble plutôt indifférent. C'est à Toulon qu'il acquiert sa notoriété auprès des dirigeants révolutionnaires.

La France contre l'Europe
La France révolutionnaire est en guerre contre l'Autriche et la Prusse depuis avril 1792. Mais à partir de 1793 la coalition antifrançaise regroupe l'Angleterre, la Hollande, l'Espagne, le Portugal, le Piémont-Sardaigne, le royaume de Naples et la Russie.

La province contre Paris
Les fédéralistes qui occupent Toulon avec l'appui des Anglais sont des Girondins, donc des révolutionnaires authentiques, mais qui refusent la dictature des Montagnards depuis Paris. Pour eux, la capitale n'est qu'un des 83 départements et n'a pas droit à plus d'influence qu'un autre.

Une ville cruellement châtiée
La répression menée à Toulon est terrible. La ville passe en quelques semaines de 30 000 à 7 000 habitants. 800 personnes sont fusillées entre le 20 et le 23 décembre, 300 autres sont condamnées à mort et des milliers sont exilées. La ville perd son nom et devient Port-la-Montagne.

UN HÉROS DE 24 ANS
Le 15 décembre 1793, après un siège de trois mois, le jeune officier d'artillerie Bonaparte chasse les Anglais de Toulon qui soutenaient les fédéralistes, opposants de Robespierre. Grâce à cette victoire, Bonaparte devient général de brigade alors qu'il n'est âgé que de 24 ans.

QUIZ

LES FAITS ET LES ÉVÉNEMENTS
Qui les Anglais soutiennent-ils à Toulon ?
- les fédéralistes
- les royalistes
- les chouans

LES HÉROS
Quelle est l'attitude de Bonaparte au début de la Révolution ?
- il est enthousiaste
- il est indifférent
- il n'est même pas au courant

LES GUERRES ET LES BATAILLES
Depuis quand la France est-elle en guerre ?
- avril 1792
- juillet 1789
- depuis toujours

LES SITES ET LES LIEUX
Quel est le nouveau nom de Toulon en 1793 ?
- Port-Crau
- Port-Camargue
- Port-la-Montagne

LES IDÉES, LES PHILOSOPHIES ET LES RELIGIONS
Que refusent les fédéralistes qui occupent Toulon ?
- la dictature des Montagnards depuis Paris
- l'interdiction de la langue d'Oc
- le calendrier révolutionnaire

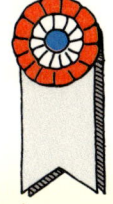

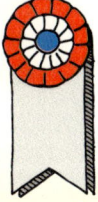

JUIL. 1794 — Robespierre exécuté

1796-1797 — Campagne d'Italie de Bonaparte

9 NOV. 1799 — Bonaparte prend le pouvoir

LA RÉVOLUTION FRANÇAISE

La Marseillaise devient le chant des révolutionnaires

C'est en 1792 que Rouget de Lisle compose un chant destiné aux soldats volontaires qui partent se battre contre l'Autriche.

LES DATES

- 1760 — Naissance de Rouget de Lisle
- 1789 — Prise de la Bastille
- 1792 — Création de La Marseillaise

L'HISTOIRE DE FRANCE

Un chant de guerre
La France déclare la guerre à l'Autriche. Le général Kellerman et Dietrich, le maire de Strasbourg, demandent au capitaine Rouget de Lisle de composer un chant pour les volontaires qui partent se battre avec l'armée du Rhin. Rouget de Lisle compose son « chant de guerre pour l'armée du Rhin » en une nuit !

Les fédérés marseillais répandent la chanson
La chanson de Rouget de Lisle devient vite très populaire et les voyageurs répandent bientôt cet air entraînant, aux paroles exaltantes, à travers toute la France. À Marseille, des soldats volontaires, sur le point de partir pour Paris, adoptent le chant et le font connaître à chaque étape de leur voyage. Arrivés à Paris, la chanson est baptisée La Marseillaise.

La prise des Tuileries sur l'air de La Marseillaise
À Paris aussi, la population reprend l'air de La Marseillaise. Lorsque le 10 août, le peuple en colère se dirige vers le palais des Tuileries, où réside la famille royale, il entonne ce chant. Le roi et sa famille sont obligés de se réfugier à l'Assemblée. C'est la chute de la royauté et La Marseillaise en devient le symbole.

L'hymne national
Décrétée hymne national deux ans après la chute de la royauté, La Marseillaise tombe dans l'oubli après la Révolution. Elle est à nouveau chantée pendant les journées révolutionnaires de 1830. C'est en 1879 que la Troisième République adopte définitivement La Marseillaise comme hymne national.

ROUGET DE LISLE
Né à Lons-le-Saunier en 1760, Claude Rouget de Lisle est un jeune officier de l'armée française passionné de musique. En 1792, il compose le « chant de guerre pour l'armée du Rhin » qui deviendra La Marseillaise. Reprise par les révolutionnaires parisiens, La Marseillaise devient l'hymne national français pendant la Révolution et après 1879.

QUIZ

LES FAITS ET LES ÉVÉNEMENTS
Contre quelle armée partent se battre les volontaires de l'armée du Rhin ?
- l'armée russe
- l'armée autrichienne
- l'armée belge

LA VIE QUOTIDIENNE
Dans quelle ville des soldats reprennent-ils le chant de Rouget de Lisle ?
- Bordeaux
- Paris
- Marseille

LES GUERRES ET LES BATAILLES
Pourquoi la prise des Tuileries est un événement important de la Révolution ?
- c'est la chute de la royauté
- c'est la fin de la Révolution
- c'est le début de la Révolution

LES IDÉES, LES PHILOSOPHIES ET LES RELIGIONS
Sous quel régime politique, la Marseillaise devient-elle l'hymne national de la France ?
- la Révolution
- l'Empire
- la IIIe République

LES HÉROS
Rouget de Lisle est l'auteur :
- du Temps des cerises
- du Chant des partisans
- de la Marseillaise

1795 — La Marseillaise, hymne national

1836 — Mort de Rouget de Lisle

1879 — La Marseillaise redevient l'hymne national français

LA RÉVOLUTION FRANÇAISE

Toussaint Louverture et la révolte des esclaves

La Révolution française met un terme à l'esclavage en 1794, mais il est rétabli en 1802 par Napoléon Ier.

LES DATES

1743 — Naissance de Toussaint Louverture

AOÛT 1791 — Début de l'insurrection de Saint-Domingue

4 FÉV. 1794 — Abolition de l'esclavage

L'HISTOIRE DE FRANCE

L'abolition de l'esclavage

À partir d'août 1791, les esclaves de Saint-Domingue, île des Caraïbes, se révoltent, menés par Toussaint Louverture. Finalement, le 4 février 1794, ils obtiennent de la France l'abolition de l'esclavage dans les colonies. Pourtant, il est rétabli par Bonaparte en mai 1802.

Une île d'esclaves

En 1789, la partie française de Saint-Domingue, correspondant aujourd'hui à Haïti, compte alors 600 000 habitants dont 500 000 esclaves noirs venus d'Afrique. Ils sont répartis dans les 78 000 plantations de canne à sucre, de café et de coton que compte l'île et qui appartiennent aux Blancs.

La guerre dans les Caraïbes

Après l'abolition de l'esclavage en février 1794, les colons blancs demandent l'aide des Anglais et des Espagnols présents dans les îles proches. C'est alors Toussaint Louverture qui prend la direction de l'armée et qui bat les Espagnols en 1795, puis les Anglais en 1798.

L'empire français

La France est une modeste puissance coloniale en 1789, ne possédant que la moitié de Saint-Domingue, la Martinique, la Guadeloupe, la Guyane, Saint-Pierre et Miquelon, quelques territoires en Afrique et 5 comptoirs en Inde. Quelque 55 000 colons français occupent ces territoires.

DE L'ESCLAVAGE À LA DIRECTION DES ARMÉES

Toussaint Louverture est un esclave qui travaille comme cocher puis surveillant de plantation à Saint-Domingue. En août 1791, il prend part au soulèvement puis dirige l'armée française de l'île à partir de 1795. Il est arrêté par Bonaparte et meurt en prison en 1803.

QUIZ

LES FAITS ET LES ÉVÉNEMENTS
Dans quelle île les esclaves se révoltent-ils en 1791 ?
- Tahiti
- Guadeloupe
- Saint-Domingue

LES HÉROS
Quelle activité exerce Toussaint Louverture ?
- cuisinier
- charpentier
- surveillant de plantation

LA VIE QUOTIDIENNE
Que produisent les esclaves de Saint-Domingue ?
- du tabac
- de l'acier
- de la canne à sucre, du café et du coton

LES GUERRES ET LES BATAILLES
Quels pays les colons français appellent-ils à l'aide ?
- les états-Unis et le Mexique
- l'Espagne et l'Angleterre
- le Portugal et l'Italie

LES SITES ET LES LIEUX
Quelle est la taille de l'empire français en 1789 ?
- il est de dimensions modestes
- il est immense
- la France n'a pas encore d'empire

---

10 MAI 1802 — Napoléon rétablit l'esclavage

1803 — Mort de Toussaint Louverture

1848 — Abolition définitive de l'esclavage

De la Terreur

à Bonaparte

La guillotine, instrument de la Terreur

La guillotine, mode d'exécution égalitaire, devient l'instrument de la Terreur et coupe plus de 16 000 têtes.

LES DATES

DE LA TERREUR À BONAPARTE

98

SEPT. 1791 — Interdiction des tortures

AVRIL 1792 — 1ère exécution par la guillotine

21 JANV. 1793 — Exécution d

L'HISTOIRE DE FRANCE

L'inégalité devant la mort
Avant la Révolution, les condamnés à mort subissaient des châtiments différents selon leurs conditions. Les nobles avaient le privilège d'être décapités. Les autres, les roturiers, devaient affronter des supplices tels que le bûcher, la roue ou l'écartelement et enfin le gibet.

Un médecin révolutionnaire
Le docteur Guillotin n'est pas inconnu. En effet, c'est lui qui propose la salle du Jeu de paume aux députés après que le roi a fermé leur salle de réunion en juin 1789. Après l'adoption de son projet de «guillotine», il se consacre essentiellement à la médecine et abandonne la politique.

Partout en France
La guillotine est employée pour la première fois en avril 1792 pour l'exécution d'un voleur nommé Pelletier. Elle est placée place du Carrousel, puis place de la Révolution (l'actuelle place de la Concorde) pour l'exécution de Louis XVI. Chaque département a sa guillotine de même que chaque armée.

La France «éternue dans le sac»
Pendant la Grande Terreur, de juin à juillet 1794, la guillotine décole à Paris plus de 1300 têtes, soit plus de 30 par jour ! En dix mois de terreur révolutionnaire, ce sont plus de 16 500 personnes qui ont la tête tranchée par le «rasoir national» comme l'appellent les Parisiens.

LA «LOUISON»
Guillotin, député de Paris à l'Assemblée, demande en octobre 1789 un mode d'exécution unique pour tous, nobles ou pas. Il propose une machine mise au point par le mécanicien allemand Schmitt et le docteur français Louis. Le premier nom de la guillotine est d'ailleurs la «Louison».

QUIZ

LES IDÉES, LES PHILOSOPHIES ET LES RELIGIONS
Sous l'Ancien Régime, quels condamnés étaient décapités sans supplices ?
- les prêtres
- les nobles
- les femmes

LES HÉROS
Où se réunissent les députés en juin 1789 ?
- au bois de Vincennes
- dans la salle du Jeu de paume
- dans les jardins des Tuileries

LES FAITS ET LES ÉVÉNEMENTS
Quel est le premier surnom de la guillotine ?
- la décolleuse
- la «Louison»
- le rasoir national

LES SITES ET LES LIEUX
Où les Parisiens peuvent-ils voir la guillotine ?
- place de la Révolution (la Concorde)
- à la Bastille
- en lointaine banlieue

LA VIE QUOTIDIENNE
Combien de têtes tombent tous les jours entre juin et juillet 1794 ?
- plus de 10
- plus de 30
- plus de 100

JUIN-JUIL. 1794 — La Grande Terreur

28 JUIL. 1794 — Robespierre décapité

La Révolution invente un calendrier

Les révolutionnaires refusent le calendrier chrétien et les célébrations des saints catholiques.

LES DATES

- 14 JUIL. 1789 — Prise de la Bastille
- 10 AOÛT 1792 — Chute de la monarchie
- 23 SEPT. 1792 — Premier jour du calendrier républicain

L'HISTOIRE DE FRANCE

La rupture avec l'Ancien Régime

Ce nouveau calendrier est adopté le 24 octobre 1793, mais l'An I commence officiellement le 23 septembre 1792, date anniversaire de la proclamation de la République. Il aura beaucoup de mal à s'imposer aux Français qui le comprennent mal ou qui ne sont pas au courant de sa création.

Un calendrier compliqué

Les scientifiques créent un découpage égal de 12 mois comportant 30 jours. À la fin de l'année, ils en ajoutent 5 pour avoir le compte, ou 6 les années bissextiles. Enfin, ils font débuter l'année le jour de l'équinoxe d'automne, lorsque le jour et la nuit sont d'égale longueur.

Les Français peu convaincus

Le calendrier n'a pas le succès espéré. Les ouvriers protestent contre la réduction des jours de repos (41 au lieu de 52) ; les paysans refusent le système décimal des heures qui pertube les cycles traditionnels. Enfin, les prénoms donnés aux enfants restent ceux des saints catholiques.

Un échec final

Finalement, le calendrier républicain est aboli le 11 Nivôse an XIV, c'est-à-dire le 1er janvier 1806 par Napoléon. Il aura été en vigueur 12 ans, 2 mois et 37 jours sans véritablement s'imposer aux Français, qui restèrent très largement indifférents à la nouveauté.

LES ARTISTES CRÉENT LE CALENDRIER

C'est le poète Fabre d'Églantine qui invente le nom des mois. Pour l'automne les sonorités sont graves (Brumaire), pour l'hiver, elles sont lourdes (Nivôse), pour le printemps, elles sont gaies (Floréal), enfin pour l'été, elles sont chaudes (Fructidor).

QUIZ

LES FAITS ET LES ÉVÉNEMENTS
Quel événement rappelle le premier jour de l'An I du calendrier républicain ?
- ■ la prise de la Bastille
- ■ la mort du roi Louis XVI
- ■ la proclamation de la République

LES HÉROS
Quel personnage célèbre invente le nom des mois du nouveau calendrier ?
- ■ l'astronome Bailly
- ■ le peintre David
- ■ le poète Fabre d'Églantine

LES ARTS ET LES MONUMENTS
Qui remit en vigueur l'ancien calendrier ?
- ■ Napoléon Ier
- ■ Louis XVIII
- ■ Napoléon III

LES IDÉES, LES PHILOSOPHIES ET LES RELIGIONS
À quel moment de l'année débute le calendrier républicain ?
- ■ le 1er jour de l'été
- ■ le jour de l'équinoxe d'automne
- ■ le 1er janvier

LA VIE QUOTIDIENNE
Quel accueil reçut ce nouveau calendrier ?
- ■ ce fut un grand succès
- ■ ce fut un échec
- ■ personne ne fut au courant

21 JANV. 1793 — Exécution de Louis XVI

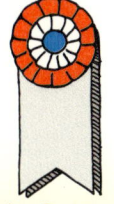

27 JUIL. 1795 — Chute de Robespierre

1ER JANV. 1806 — Abolition du calendrier républicain

Saint-Just, disciple fidèle de Robespierre

Personnage ambitieux et doté d'une éloquence remarquable, Saint-Just est «l'archange de la Terreur».

DE LA TERREUR À BONAPARTE

102

LES DATES

1767 — Naissance de Saint-Just

1792 — Saint-Just député à 25 ans

JANV. 1793 — Exécution de

L'HISTOIRE DE FRANCE

Fidèle jusque dans la mort
Au printemps 1794, la tyrannie de Robespierre finit par entraîner son arrestation. Fidèle parmi les fidèles, Saint-Just est aussi arrêté au même moment sans résistance, le 9 Thermidor (27 juillet 1794). Proclamé hors la loi, il se laisse guillotiner sans prononcer un mot. Il allait avoir 27 ans.

Une jeunesse tumultueuse
Fils d'un officier de cavalerie, Louis Antoine Léon Saint-Just fait ses études chez les oratoriens à Soissons. Amoureux d'une fille de notaire, il est humilié lorsque celle-ci épouse un autre homme plus riche et s'enfuit à Paris en volant des biens précieux à sa mère qui le fait enfermer six mois.

Sauver Strasbourg de l'invasion
Saint-Just est chargé par le Comité de Salut public de réorganiser l'armée du Rhin. Il passe 146 jours sur les différents champs de bataille et impose autoritairement ses décisions. Il est cependant l'un des artisans de la victoire française de Fleurus sur les Autrichiens le 26 juin 1794.

L'orateur
Saint-Just se fait reconnaître par son éloquence remarquable et sort de l'anonymat à l'occasion du procès de Louis XVI en déclarant : «On ne peut régner innocemment, tout roi est un rebelle ou un usurpateur». C'était condamner Louis XVI parce qu'il était roi et non à cause de ses fautes.

UN TOUT JEUNE DÉPUTÉ
Au mois de septembre 1792, les élections à l'Assemblée législative permettent à Saint-Just d'être le plus jeune député de France. Il a 25 ans. Il se range dans le camp de Robespierre, celui des «Montagnards», ainsi nommés car ils sont assis en haut des gradins de l'Assemblée. Député de l'Aisne, il se fait remarquer par ses prises de positions violentes.

QUIZ

LES FAITS ET LES ÉVÉNEMENTS
À quel âge Saint-Just est-il député ?
- 23 ans
- 25 ans
- 27 ans

LA VIE QUOTIDIENNE
Comment meurt Saint-Just ?
- il est tué par un boulet autrichien
- il est guillotiné
- il tombe de cheval

LES IDÉES, LES PHILOSOPHIES ET LES RELIGIONS
À l'occasion de quel procès Saint-Just se fait-il remarquer ?
- le procès de Marie-Antoinette
- le procès de Louis XVI
- le procès de Danton

LES HÉROS
Pour quelle raison Saint-Just fait-il six mois de prison ?
- il a volé des biens précieux à sa mère
- il a des dettes de jeux
- il s'est battu en duel

LES GUERRES ET LES BATAILLES
Quelle victoire française est en partie due à Saint-Just ?
- Valmy
- Jemmapes
- Fleurus

JUIN 1794 — Victoire de Fleurus

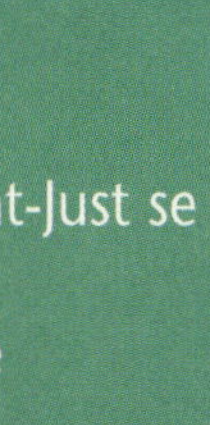

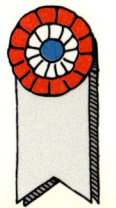

28 JUIL. 1794 — Exécution de Saint-Just

Les sans-culottes gardiens de la Révolution

Reconnaissables à leur pantalon à rayures, les sans-culottes sont des révolutionnaires parisiens.

DE LA TERREUR À BONAPARTE

104

LES DATES

14 JUIL. 1789
Prise de la Bastille

3 AOÛT 1792
Les sans-culottes réclament la suppression de la royauté

21 SEPT. 1792
La Convention proclame la fin de la monarchie

L'HISTOIRE DE FRANCE

La France et la Révolution menacées

Depuis avril 1792, la France est en guerre contre la Prusse et l'Autriche. Les défaites se multiplient et le territoire national est menacé d'une invasion. L'Assemblée décrète alors la « patrie en danger » et encourage les Français à s'engager en masse dans l'armée de la Révolution.

La mobilisation des Français

En 1792, il n'y a pas encore de service militaire obligatoire, et, lors des guerres, l'armée manque d'hommes mais aussi de cadres pour la diriger. Pour y remédier, l'Assemblée décide, en août 1792, de réquisitionner tous les célibataires et les veufs sans enfants de 18 à 25 ans.

Louis XVI et l'étranger

Le 25 juillet 1792, le duc de Brunswick, chef des armées prussiennes, prévient qu'il détruira Paris si la famille royale est menacée. Cette déclaration persuade les Parisiens de la complicité de Louis XVI avec les armées étrangères et certains réclament alors sa destitution.

Le déclic de Valmy

L'armée révolutionnaire, mal commandée et mal entraînée, connaît des revers d'avril à septembre 1792. La première victoire est celle de Valmy, le 20 septembre, qui permet de repousser les Prussiens. Puis les Français occupent la Belgique, la Savoie, Nice et même une partie de l'Allemagne.

L'EUROPE CONTRE LA FRANCE
Les grandes monarchies européennes craignent que la Révolution ne gagne leurs territoires car les soulèvements populaires se produisent un peu partout. L'Autriche, la Prusse puis l'Angleterre vont donc s'allier contre la France qui, en mars 1793, est sur le point d'être envahie.

QUIZ

LES FAITS ET LES ÉVÉNEMENTS
Contre quels pays la France est-elle en guerre depuis avril 1792 ?
☐ la Hollande et la Belgique
☐ la Suisse et Monaco
☐ la Prusse et l'Autriche

LA VIE QUOTIDIENNE
Qui sont les Français réquisitionnés dans l'armée ?
☐ les vagabonds et les mendiants
☐ les célibataires et les veufs de 18 à 25 ans
☐ les paysans sans terre

LES HÉROS
Qui est le duc de Brunswick ?
☐ un cousin de la reine Marie-Antoinette
☐ le chef des armées prussiennes
☐ le Premier ministre autrichien

LES GUERRES ET LES BATAILLES
Quelle est la première victoire des Français dans la guerre ?
☐ Crécy
☐ Fleurus
☐ Valmy

LES IDÉES, LES PHILOSOPHIES ET LES RELIGIONS
Que craignent les grandes monarchies d'Europe en 1792 ?
☐ que la Révolution se propage chez elles
☐ que l'Angleterre gagne seule la guerre
☐ que la France devienne une grande puissance

---

20 SEPT 1792 — Victoire de Valmy

21 SEPT 1792 — Abolition de la royauté

FEV 1793 — La France en guerre contre l'Angleterre

Les Parisiens arrêtent Louis XVI et sa famille

Le roi Louis XVI, accusé de complicité avec l'ennemi, est arrêté puis conduit à la prison du Temple.

DE LA TERREUR À BONAPARTE

110

LES DATES

20 AVRIL 1792 — La France déclare la guerre à l'Autriche

25 JUIL. 1792 — Manifeste de Brunswick

10 AOÛT 1792 — Louis XVI

L'HISTOIRE DE FRANCE

L'assaut
Le soir du 9 août, les sans-culottes parisiens prennent le pouvoir dans la capitale. Le matin du 10 août, à l'appel de Danton et avec le renfort des gardes nationales des quartiers populaires et des Fédérés, les sans-culottes attaquent les Tuileries. Louis XVI et la famille royale sont arrêtés puis emprisonnés au Temple.

La complicité du roi avec l'ennemi
La France est en guerre depuis le 20 avril et les défaites se multiplient. Le 25 juillet, dans un manifeste, le duc de Brunswick, chef des armées prussiennes et autrichiennes, avertit qu'il détruira Paris si la famille royale est menacée. Connu par les Parisiens le 1er août, ce manifeste a un effet contraire : il est à l'origine de l'arrestation du roi Louis XVI qui apparaît alors comme un traître à la patrie.

Le chef de la garde nationale contre Louis XVI
Santerre, chef sans-culotte, mène l'assaut contre les Tuileries. Nommé commandant général de la garde nationale le 10 août 1792, il accompagne Louis XVI sur l'échafaud et aurait ordonné le roulement de tambour qui couvrit la voix du roi quand celui-ci voulut s'adresser à la foule.

Une guerre désastreuse
Depuis avril 1792, la France est en guerre contre l'Autriche et la Prusse. Cependant les défaites succèdent aux défaites. Il faut attendre le 20 septembre 1792 et la victoire de Valmy contre les troupes prussiennes du duc de Brunswick pour que l'armée commandée par Dumouriez et Kellermann sauve la France d'une invasion.

LA CHUTE DE LA MONARCHIE
L'arrestation du roi marque la chute de la monarchie. L'Assemblée, sous la pression populaire, suspend Louis XVI et décide l'élection d'une assemblée, la Convention, chargée de rédiger une nouvelle Constitution où le roi n'a plus sa place. C'est la fin de l'Ancien Régime.

QUIZ

LES FAITS ET LES ÉVÉNEMENTS
Qui prend le pouvoir à Paris au mois d'août 1792 ?
- les royalistes
- les Autrichiens
- les sans-culottes

LES IDÉES, LES PHILOSOPHIES ET LES RELIGIONS
Quel est le nom de l'assemblée chargée d'élaborer une nouvelle Constitution ?
- la Législative
- la Convention
- les états généraux

LA VIE QUOTIDIENNE
Qui est le duc de Brunswick ?
- le frère de Marie-Antoinette
- le chef des armées prussiennes
- l'astrologue de Louis XVI

LES HÉROS
Pourquoi Louis XVI ne fut-il pas entendu par la foule le jour de son exécution ?
- il était enroué
- un roulement de tambour couvrit sa voix
- la foule criait trop fort

LES GUERRES ET LES BATAILLES
Quelle est la première victoire française en 1792 ?
- Jemmapes
- Fleurus
- Valmy

emprisonné | 21 SEPT. 1793 Abolition de la royauté | 21 JANV. 1793 Exécution de Louis XVI

111

DE LA TERREUR À BONAPARTE

1 500 détenus massacrés dans les prisons

Pensant que les prisons sont pleines de traîtres, les révolutionnaires se livrent à des massacres.

LES DATES

14 JUIL. 1789
Prise de la Bastille

20 AVRIL 1792
La France en guerre

10 AOÛT 1792
Chute de

L'HISTOIRE DE FRANCE

Marat encourage les massacres
Marat fut l'un des révolutionnaires qui encouragèrent les massacres de septembre. Il avait fondé, en 1789, un journal «l'Ami du peuple», dans lequel il dénonçait les royalistes. C'était un partisan de la Terreur et de l'élimination de tous les ennemis de la Révolution. Il sera assassiné dans sa baignoire, en 1793, par Charlotte Corday.

Une foule assoiffée de sang
Depuis août 1792, ce sont les «sans-culottes», les révolutionnaires les plus décidés, qui contrôlent Paris. Alors que la France est en guerre contre l'Autriche et la Prusse, ils massacrent dans les prisons plus de 1 500 détenus jugés comme traîtres.

Les défaites militaires françaises
Depuis avril 1792, la France est en guerre contre la Prusse et l'Autriche. Mais les premiers combats sont des échecs, et le 2 septembre, les Autrichiens sont à Verdun dans les Ardennes. Certains révolutionnaires pensent que des prisonniers ont renseigné les ennemis.

Une véritable boucherie
Les atrocités sont nombreuses. Ainsi la princesse de Lamballe, amie de la reine Marie-Antoinette, est décapitée, sa tête mise au bout d'une pique puis portée sous les fenêtres du Temple où était enfermée la reine avant d'être promenée dans Paris. Les égorgeurs touchent six francs par jour et autant de vin qu'ils souhaitent pour accomplir leurs actes.

PLUS DE 50 PRISONS À PARIS
Les prisons sous la Révolution sont pleines. À Paris, il y en avait une dizaine avant 1789, elles sont 50 en 1793. La plus ancienne est la Conciergerie dans l'île du palais. Certains hôpitaux sont transformés en prisons. Il y aura plus de 500 000 prisonniers en 1793.

QUIZ

LES HÉROS
Quel est le nom du journal fondé par Marat ?
- «La cause du peuple»
- «L'Ami du peuple»
- «Le Populaire»

LES FAITS ET LES ÉVÉNEMENTS
Comment appelle-t-on les révolutionnaires les plus durs ?
- les sans-scrupules
- les sans-culottes
- les sans-papiers

LES GUERRES ET LES BATAILLES
Contre quels pays la France est-elle en guerre en 1792 ?
- l'Angleterre et l'Espagne
- la Suède et la Norvège
- la Prusse et l'Autriche

LA VIE QUOTIDIENNE
Comment est tuée la princesse de Lamballe ?
- égorgée
- brûlée
- décapitée

LES SITES ET LES LIEUX
Combien de prisons compte la ville de Paris en 1793 ?
- 20
- 50
- 80

---

la royauté | 2 AU 5 SEPT. 1792 — Massacres de septembre | 20 SEPT. 1792 — Victoire de Valmy

À Valmy, l'armée française sauve la Révolution

Une bataille de canons sans véritable engagement permet aux Français de battre en retraite les Prussiens.

DE LA TERREUR À BONAPARTE

LES DATES

10 AOÛT 1792 — Chute de la monarchie

2-5 SEPT. 1792 — Massacres dans les prisons

20 SEPT. 1792 — Victoire de Valmy

L'HISTOIRE DE FRANCE

Une victoire sans réel combat
Pendant l'été 1792, les 35 000 Prussiens de l'armée de Brunswick avancent en Champagne et dans les Ardennes. Le 20 septembre, à Valmy, commune de la Marne, ils se heurtent aux 50 000 Français commandés par Kellerman. Après un duel d'artillerie, les Prussiens font demi-tour vers l'Allemagne.

Un échange de boulets
Les soldats français arrêtent l'infanterie prussienne au cri de «Vive la nation» et en chantant «la Marseillaise». Mais en fait très peu de combats directs se déroulent ; seuls 300 Prussiens et 200 Français sont tués. Valmy est surtout une canonnade, qui marque l'arrêt de l'invasion et rend confiance à l'armée française.

Le vainqueur de Valmy
Kellerman commande l'armée française à Valmy. Il a 57 ans et 40 ans d'armée derrière lui. Mais il est modéré et les révolutionnaires le suspendent de ses fonctions en 1793. Finalement réintégré dans l'armée en 1795, Napoléon le fait maréchal, sénateur et duc de Valmy.

Une armée de citoyens
L'armée révolutionnaire est organisée à partir de juin 1791, après la fuite de Louis XVI. Elle compte environ 400 000 hommes, en 1792, qui ont presque tous moins de 25 ans. Les uniformes sont rares et certains vont à la guerre en sabots ou même pieds nus !

LES MASSACRES DE SEPTEMBRE
L'avancée des armées prussiennes en France entraîne du 2 au 5 septembre 1792 des massacres à Paris. Certains révolutionnaires considèrent que les nobles et les prêtres prisonniers préparent un complot pour aider les ennemis ; 1500 d'entre eux sont alors massacrés.

QUIZ

LES FAITS ET LES ÉVÉNEMENTS
Qui sont les ennemis des Français à Valmy ?
- ☐ les Hollandais
- ☐ les Prussiens
- ☐ les Anglais

LA VIE QUOTIDIENNE
De quoi sont accusés les prisonniers en septembre 1792 ?
- ☐ de préparer un complot
- ☐ de chercher à s'évader
- ☐ de coûter trop cher à la nation

LES HÉROS
Quel titre reçoit Kellerman de Napoléon ?
- ☐ prince de Verdun
- ☐ marquis de Longwy
- ☐ duc de Valmy

LES GUERRES ET LES BATAILLES
Quel chant accompagne l'offensive française ?
- ☐ la Madelon
- ☐ le Chant des Partisans
- ☐ la Marseillaise

LES IDÉES, LES PHILOSOPHIES ET LES RELIGIONS
Que portent parfois aux pieds les soldats français ?
- ☐ des tongs
- ☐ des baskets
- ☐ des sabots

---

21 SEPT. 1792 — Début de la République

21 JANV. 1793 — Exécution de Louis XVI

1ER FÉV. 1793 — Guerre contre la Hollande et l'Angleterre

DE LA TERREUR À BONAPARTE

La Révolution à l'assaut des Pays-Bas autrichiens

Les Révolutionnaires partent en croisade pour libérer l'Europe des régimes monarchiques.

LES DATES

JUIL. 1792 — La Patrie déclarée en danger

10 AOÛT 1792 — Chute de la royauté

20 SEPT. 1792 — Victoire

L'HISTOIRE DE FRANCE

Les Autrichiens reculent

Après la victoire de Valmy au mois de septembre 1792, les armées prussiennes et autrichiennes se retirent du territoire français. Dumouriez décide alors une contre-offensive vers la Belgique. Son armée, forte de 40 000 hommes bat les Autrichiens à Jemmapes le 6 novembre 1792.

Les divisions parisiennes

Alors que les armées se battent, les révolutionnaires à Paris sont divisés. Il y a les Girondins derrière Brissot qui s'inquiètent des violences populaires, les Montagnards avec Marat et Robespierre qui souhaitent des mesures très dures et enfin la Plaine, partagé entre les deux groupes.

La trahison de Dumouriez

Dumouriez commande les armées du nord lorsque la guerre est déclenchée en 1792 et participe à la victoire de Valmy. Cependant, en 1793, son armée est lourdement battue par les Autrichiens. Il négocie avec eux et finalement passe à l'ennemi le 5 avril 1793. Il meurt en Angleterre en 1823.

Un combat contre la monarchie

Les soldats de l'armée révolutionnaire sont des fédérés et des volontaires mal entraînés. Mais ils marchent au chant de «La Marseillaise» et aux cris de «Vive la République». Ils veulent que l'Europe entière connaisse la Révolution et se débarrasse des rois comme les Français l'ont fait le 10 août.

LE TERRITOIRE FRANÇAIS

En 1793, les révolutionnaires décrètent l'annexion de la Belgique en même temps que Nice, la Savoie et la région entre le Rhin et la Moselle. Ces décisions entraînent la formation d'une coalition contre la France qui groupe derrière l'Angleterre presque tous les États européens.

QUIZ

LES FAITS ET LES ÉVÉNEMENTS
Quelle armée étrangère est vaincue à Jemmapes ?
- ☐ l'armée russe
- ☐ l'armée anglaise
- ☐ l'armée autrichienne

LA VIE QUOTIDIENNE
Qui sont les plus connus des Montagnards ?
- ☐ Brissot et Roland
- ☐ La Fayette et Dumouriez
- ☐ Marat et Robespierre

LES IDÉES, LES PHILOSOPHIES ET LES RELIGIONS
Quel chant accompagne les soldats de l'armée révolutionnaire ?
- ☐ la Madelon
- ☐ la Marseillaise
- ☐ il pleut bergère

LES HÉROS
Que fait Dumouriez en avril 1793 ?
- ☐ il écrase à nouveau les Autrichiens
- ☐ il trahit et passe à l'ennemi
- ☐ il est guillotiné

LES SITES ET LES LIEUX
Quelle ville méditerranéenne rejoint la France en 1793 ?
- ☐ Menton
- ☐ Nice
- ☐ Monaco

---

de Valmy | 6 NOV. 1792 — Victoire de Jemmapes | AVRIL 1793 — Trahison de Dumouriez

DE LA TERREUR À BONAPARTE

Naissance de la Première République

Dans une atmosphère de peur et de massacre, les sans-culottes prennent le pouvoir à Paris.

LES DATES

10 AOÛT 1792 — Arrestation de Louis XVI

2-6 SEPT. 1792 — Massacre dans les prisons parisiennes

20 SEPT. 1792 — Victoire

L'HISTOIRE DE FRANCE

Des républicains divisés
Le 21 septembre 1792, l'Assemblée décrète l'abolition de la monarchie et proclame la République. Louis XVI est prisonnier et attend son procès. Mais les révolutionnaires sont très divisés entre les modérés Girondins, les extrémistes Montagnards et les indécis de la Plaine.

La chute de la monarchie
Le 10 août 1792, les sans-culottes parisiens armés de piques donnent l'assaut au château des Tuileries où se trouvent Louis XVI et sa famille. La garde suisse est massacrée et Louis XVI est fait prisonnier. C'est la fin de la monarchie. Le roi ne sortira de prison que pour monter sur l'échafaud.

Les maîtres de Paris
Les sans-culottes désignent à partir de 1792 les Parisiens partisans des Montagnards. Ils sont souvent artisans, pratiquent le tutoiement et s'appellent «citoyens». Ils portent le pantalon et non la culotte, une veste courte appelée «carmagnole», un bonnet rouge et une pique ou un sabre.

Les massacres de septembre
Depuis le printemps 1792, la France est en guerre. Du 2 au 6 septembre, des sans-culottes parisiens, excités par la crainte de l'invasion ennemie et par les encouragements de Danton, massacrent les détenus des prisons parisiennes qu'ils accusent de complicité avec l'ennemi. Il y aura 1500 morts.

LA NOUVELLE ASSEMBLÉE
La nouvelle assemblée, élue en 1792, se nomme la Convention. Elle compte 749 députés républicains, c'est-à-dire opposés au pouvoir du roi. Les plus déterminés sont les Montagnards, qui occupent les bancs les plus élevés dans l'assemblée et qui sont menés par Robespierre.

QUIZ

LES FAITS ET LES ÉVÉNEMENTS
Quels noms portent les révolutionnaires les plus extrémistes ?
- les Alpinistes
- les Montagnards
- les Excités

LA VIE QUOTIDIENNE
Qui donne l'assaut contre les Tuileries le 10 août 1792 ?
- l'armée
- les sans-culottes
- les étudiants

LES GUERRES ET LES BATAILLES
Qui sont les victimes des massacres de septembre ?
- les Autrichiens
- les parents du roi
- les prisonniers parisiens

LES HÉROS
Quel est le nom de la veste courte portée par les sans-culottes ?
- le spencer
- la carmagnole
- le marcel

LES IDÉES, LES PHILOSOPHIES ET LES RELIGIONS
Pourquoi certains députés sont-ils appelés «Montagnards» ?
- ils viennent des Alpes
- ils occupent les bancs les plus hauts à l'assemblée
- ils portent des passe-montagne

21 SEPT. 1792 — Abolition de la monarchie, An I de la République

21 JANV. 1793 — Exécution de Louis XVI

DE LA TERREUR À BONAPARTE

120

Trois jours pour mener Louis XVI à l'échafaud

Après un procès expéditif, Louis XVI, roi déchu et maladroit, est condamné à mort.

LES DATES

10 AOÛT 1792
Arrestation de Louis XVI

21 SEPT. 1792
Abolition de la royauté

DÉC. 1792
Ouverture
Louis

L'HISTOIRE DE FRANCE

La trahison du roi
Le procès de Louis XVI débute en décembre 1792. L'accusation est celle de trahison car on a découvert une armoire secrète contenant la correspondance du roi avec des contre-révolutionnaires notamment étrangers. En fait, c'est plus le procès de la royauté que celui du roi.

La chute annoncée de Louis XVI
Depuis 1789, Louis XVI voit sa situation se dégrader. Après sa fuite ratée en juin 1791, certains révolutionnaires réclament sa déchéance. Le 10 août 1792, il est arrêté et enfermé avec sa famille dans la prison du Temple. La royauté est finalement abolie le 21 septembre 1792.

Le procès et le vote
Le 11 janvier 1793, 707 députés sur 749 estiment Louis XVI coupable de «conspiration contre la liberté publique et d'attentat contre la sûreté de l'état». Du 16 au 17 janvier, pendant trente-six heures, 721 députés votent chacun leur tour sur la sentence ; 387 d'entre eux votent la mort du roi.

Les derniers instants
Louis XVI est informé de la sentence le 20 janvier. Il reçoit alors son confesseur, l'abbé Edgeworth et fait ses adieux à sa famille. Le 21 janvier, il est réveillé à 5 heures, suit la messe. Vers 8 h 30, un carrosse l'attend pour le mener place de la Révolution où se trouve la guillotine.

LA MORT DU ROI TRÈS CHRÉTIEN
Sur la place de la Révolution (plus tard la Concorde), 20 000 hommes entourent l'échafaud. Le bourreau Sanson lie les mains du roi qui monte l'escalier sous le roulement des tambours. Il cherche en vain à s'adresser à la foule qui ne l'entend pas. Sa tête tombe à 10 h 20.

QUIZ

LES FAITS ET LES ÉVÉNEMENTS
Quelle est la preuve de la trahison du roi selon les révolutionnaires ?
- ☐ la présence d'une Autrichienne à la Cour
- ☐ la découverte d'une armoire secrète
- ☐ des pigeons voyageurs aux Tuileries

LES HÉROS
Qu'advient-il de Louis XVI le 10 août 1792 ?
- ☐ il tente une nouvelle évasion
- ☐ il est arrêté et enfermé au Temple
- ☐ il reçoit le soutien des révolutionnaires

LES GUERRES ET LES BATAILLES
De quel crime le roi est-il accusé ?
- ☐ du vol des bijoux de la reine
- ☐ de corruption
- ☐ d'attentat contre la sûreté de l'état

LA VIE QUOTIDIENNE
Que fait Louis XVI le matin de sa mort ?
- ☐ un jogging au bois de Vincennes
- ☐ la grasse matinée
- ☐ il suit la messe

LES SITES ET LES LIEUX
Quelle est le nom actuel de la place de la Révolution ?
- ☐ la place de la Concorde
- ☐ la place de l'étoile
- ☐ la place Pigalle

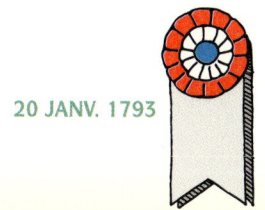

---

20 JANV. 1793 — Louis XVI condamné à mort

21 JANV. 1793 — Le roi est guillotiné

L'Instruction obligatoire et gratuite

La Révolution confisque l'enseignement aux religieux mais ne parvient pas à organiser un nouveau système.

DE LA TERREUR À BONAPARTE

LES DATES

- **19 DÉC. 1793** — Instruction primaire obligatoire et gratuite
- **NOV. 1794** — L'école n'est plus obligatoire
- **SEPT. 1795** — Création de l'école

L'HISTOIRE DE FRANCE

Le projet d'une école pour tous

Le 22 Frimaire an II, c'est-à-dire le 19 décembre 1793, la Convention déclare l'instruction primaire obligatoire et gratuite pour tous les enfants âgés de 6 à 8 ans. Ce sont alors les municipalités qui doivent payer les instituteurs. Dans chaque département sont créés des collèges, les écoles centrales.

Le programme scolaire

Dans les collèges, c'est-à-dire les écoles centrales, existent trois niveaux : les élèves de 12 à 14 ans apprennent le dessin, les sciences naturelles et les langues. De 14 à 16 ans, ils suivent les cours de mathématiques et de physique, enfin de 16 à 18 ans, ils étudient l'histoire, le droit et la littérature.

L'Église laisse la place

Jusqu'à la Révolution, l'enseignement en France est organisé par les religieux. Il existe 22 universités, plusieurs centaines de collèges et des milliers d'écoles tenues par l'Église. La nationalisation des biens du clergé en 1792 met fin à ce système et oblige l'État à prendre à sa charge l'enseignement.

Gratuité et obligation abandonnées

Le système de la gratuité ne fonctionne pas et les municipalités n'ont pas les moyens de payer l'instituteur. En 1794, seules 32 écoles sur les 557 prévues sont créées. Finalement, en novembre 1794, on renonce à l'obligation scolaire puis en 1795, à la gratuité. Ce sont les parents qui payent.

LA FORMATION DES INGÉNIEURS

L'école Polytechnique est créée le 1er septembre 1795 dans les bâtiments du collège de Navarre à Paris. Elle a pour but de former des ingénieurs, et de prestigieux savants sont professeurs tels Monge ou Chaptal. Elle compte 1200 élèves qui ont trois ans d'étude et qui reçoivent une petite pension.

QUIZ

LES FAITS ET LES ÉVÉNEMENTS
En 1793, à partir de quel âge l'école primaire est-elle obligatoire ?
■ 3 ans
■ 5 ans
■ 6 ans

LA VIE QUOTIDIENNE
Qu'apprennent les enfants de 14 à 16 ans dans les collèges ?
■ le code de la route
■ les mathématiques et la physique
■ les cocottes en papier

LES SITES ET LES LIEUX
Dans quelle ville est créée l'école Polytechnique ?
■ Marseille
■ Paris
■ Lyon

LES GUERRES ET LES BATAILLES
Avant la Révolution qui assure l'enseignement en France ?
■ les parents
■ l'église
■ personne

LES IDÉES, LES PHILOSOPHIES ET LES RELIGIONS
En 1795 qui doit payer les études des enfants ?
■ les nobles
■ les parents
■ l'Église

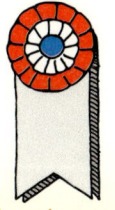

OCT. 1795 — La gratuité est supprimée

1881 - 1882 — L'école primaire est laïque, obligatoire et gratuite

Les Montagnards défendent la Terreur

Derrière leur héros Robespierre, les Montagnards imposent leur dictature mais se déchirent entre eux.

DE LA TERREUR À BONAPARTE

124

LES DATES

JUIN 1793 — Élimination des Girondins, les Montagnards au pouvoir

SEPT. 1793 — Début de la Terreur

PRINTEMPS 1794 — Élimination et des…

L'HISTOIRE DE FRANCE

Le coup d'État de la Montagne
Le 2 juin 1793, sous la pression des sans-culottes parisiens (les républicains les plus ardents sous la Révolution), l'assemblée, c'est-à-dire la Convention, décide l'arrestation de 29 députés girondins. Robespierre et les Montagnards établissent alors un gouvernement révolutionnaire qui suspend toutes les libertés et s'engage dans la Terreur.

Le pouvoir de la rue
Les Montagnards s'appuient sur les sans-culottes qui contrôlent Paris. C'est un groupe composé essentiellement d'artisans et de boutiquiers, organisé en sections armées. Ils exigent la fixation d'un prix maximum des denrées, la confiscation des biens des riches et l'élimination des opposants.

Le dictateur incorruptible
Avocat de profession, Robespierre devient député du Tiers aux états généraux, et le principal animateur du club des Jacobins. Après la chute des Girondins en juin 1793, il exerce avec les Montagnards une véritable dictature. Exclu du pouvoir le 9 Thermidor an II (27 juillet 1794), il est guillotiné le lendemain.

Un groupe déchiré
En 1794, les Montagnards se divisent. Danton et les «Indulgents» prônent la modération et la fin de la Terreur alors qu'Hébert et les «Enragés» veulent continuer la guerre et déchristianiser le pays. Robespierre élimine les deux groupes et fait guillotiner leurs chefs en mars et avril 1794.

LA DERNIÈRE INSURRECTION
L'influence des Montagnards et des sans-culottes cesse avec l'élimination de Robespierre. Cependant le groupe tente de renaître, sous le nom de «Crêtois» lors des insurrections de Germinal et de Prairial au printemps 1795. C'est un échec sanglant qui met un terme définitif au mouvement.

QUIZ

LES FAITS ET LES ÉVÉNEMENTS
Quel événement se déroule le 2 juin 1793 ?
- ■ l'arrivée du premier Tour de France à vélo
- ■ l'arrestation de 29 députés girondins
- ■ l'anniversaire de Robespierre

LA VIE QUOTIDIENNE
Qui contrôle Paris en 1793 ?
- ■ l'armée royale
- ■ la Garde nationale
- ■ les sans-culottes

LES HÉROS
Quel métier exerçait Robespierre avant la Révolution ?
- ■ médecin
- ■ boucher
- ■ avocat

LES GUERRES ET LES BATAILLES
Quel groupe de Montagnards dirige Danton ?
- ■ les «Indulgents»
- ■ les «Indolents»
- ■ les «Dantoniens»

LES IDÉES, LES PHILOSOPHIES ET LES RELIGIONS
Quel nom prennent les Montagnards en 1795 ?
- ■ les «Crêtois»
- ■ les «Crapois»
- ■ les «Fidèles»

---

des «Enragés» «Indulgents» | 27 JUIL. 1794 — Chute de Robespierre | PRINTEMPS 1795 — Dernières émeutes sans-culottes

La Révolution invente le système métrique

Il faudra plus de 50 ans pour mettre un terme à l'anarchie des mesures utilisées par les Français.

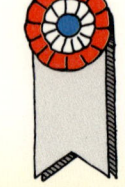

LES DATES

789 — Charlemagne impose l'uniformité des mesures

1540 — Nouveaux essais d'uniformisation

1790 — La Révolution adopte le principe de l'unification

L'HISTOIRE DE FRANCE

Une réforme laborieuse
Le 1er août 1793, la Convention crée provisoirement le système métrique et adopte des mesures décimales telles que le mètre, le gravet (le gramme) et le cade (le mètre cube). Ce système s'impose à partir 1801 mais il faut attendre 1840 pour qu'il devienne obligatoire et unique.

Une multitude de mesures
En 1789, il existe plus de 800 mesures différentes et un même nom a des valeurs différentes selon les lieux. Ainsi, la livre vaut 489 grammes à Paris mais seulement 388 à Marseille. Un sétier contient 12 boisseaux de grain, mais 16 de sel et 24 de charbon. Bref, c'est très compliqué.

Les savants appelés à l'aide
C'est Talleyrand qui propose en 1790 l'unification des systèmes de mesure. Les plus grands savants de l'époque sont alors réunis dans une commission de l'Académie des sciences qui compte en particulier Lavoisier, Laplace, Lagrange, Borda, Condorcet et Monge.

Un système peu populaire
L'adoption du système métrique est lente car les correspondances avec les anciennes mesures sont complexes ou inexistantes. Par ailleurs, en 1812, un décret met fin au monopole du système décimal et les anciennes mesures sont réutilisées jusqu'en 1840. L'Angleterre attendra jusqu'en 1965 !

LES ÉTALONS
Les mesures sont fixées par des étalons qui servent de références et ne varient pas. Ainsi, dans l'ancien système, l'étalon de longueur à Paris est une barre de fer scellée dans les murs du Châtelet. Les nouveaux étalons, le mètre, le litre et le kilogramme sont prêts en 1799.

QUIZ

LES FAITS ET LES ÉVÉNEMENTS
Quelle assemblée organise la réforme des mesures en France ?
- la Convention
- l'Assemblée constituante
- l'assemblée des Sages

LA VIE QUOTIDIENNE
Combien de mesures existent en France en 1789 ?
- 200
- 400
- 800

LES ARTS ET LES MONUMENTS
Comment se nomment les mesures officielles ?
- les étalons
- les toises
- les métriques

LES HÉROS
Quel personnage célèbre propose la réforme des mesures ?
- Robespierre
- Talleyrand
- Louis XVI

LES IDÉES, LES PHILOSOPHIES ET LES RELIGIONS
À quelle date la Grande-Bretagne adopte-t-elle le système métrique ?
- 1850
- 1914
- 1965

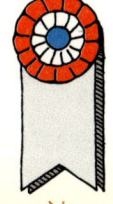

AOÛT 1793 — Adoption du mètre comme unité de longueur

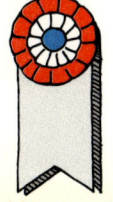

1840 — Le système métrique est obligatoire

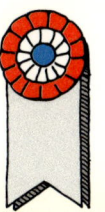

1965 — La Grande-Bretagne adopte le système métrique

DE LA TERREUR À BONAPARTE

Marat, l'ami du peuple poignardé dans sa baignoire

Jean-Paul Marat et son journal «L'Ami du peuple» comptent parmi les défenseurs les plus farouches de la Révolution française.

LES DATES

1743 — Naissance de Marat

14 JUIL. 1789 — Prise de la Bastille

10 AOÛT 1792 — Chute de la monarchie

L'HISTOIRE DE FRANCE

Un révolutionnaire très dur
D'origine suisse, Jean-Paul Marat (1743-1793) est médecin de formation. Il se révèle un révolutionnaire particulièrement dur dans ses écrits comme dans ses paroles. Élu député à la Convention, il siège parmi les Montagnards qui sont les élus les plus proches du peuple.

Les massacres de septembre 1792
Après la prise des Tuileries et la chute de la monarchie, Marat réclame la mise à mort des ennemis de la Révolution. Ses discours et ses écrits excitent la population. C'est pourquoi il est considéré comme l'un des responsables des massacres de septembre. Dans les prisons de Paris, près de 1400 détenus sont exécutés.

Marat est assassiné dans sa baignoire
Une jeune normande, Charlotte Corday, demande un entretien à Marat. Celui-ci la reçoit dans sa baignoire. Charlotte Corday s'approche et le poignarde. Elle lui reproche de prôner la violence et les assassinats et d'avoir fait exclure les Girondins, les députés les plus modérés de la Convention. Marat les accusait en effet de «faiblesse» à l'égard des ennemis de la Révolution.

«L'Ami du peuple»
Pendant la Révolution, Marat devient journaliste en créant un journal baptisé «L'Ami du peuple» dont il est le rédacteur en chef. Dans ses écrits, il poursuit sans relâche les ennemis de la Révolution et réclame leur mort. Il est aussi un des partisans du suffrage universel, c'est-à-dire du droit de vote pour tous les citoyens.

BONJOUR CITOYEN !
Depuis le 21 août 1792, il est interdit d'utiliser «Madame» et «Monsieur», sous peine d'amende. Désormais, dans un souci d'égalité, on dit «Citoyenne» et «Citoyen». Le tutoiement devient obligatoire pour s'adresser à une seule personne.

QUIZ

LES HÉROS
Qui est Marat ?
- un poète
- un révolutionnaire très dur
- un défenseur du roi

LA VIE QUOTIDIENNE
Comment appelle-t-on les hommes et les femmes sous la Révolution ?
- Amis, amies
- Camarades
- Citoyens, citoyennes

LES FAITS ET LES ÉVÉNEMENTS
Comment Charlotte Corday assassine-t-elle Marat ?
- elle le pend
- elle le poignarde
- elle le noie

LES GUERRES ET LES BATAILLES
Que se passe-t-il en septembre 1792 ?
- c'est la famine
- le peuple fait la fête
- des détenus sont tués

LES IDÉES, LES PHILOSOPHIES ET LES RELIGIONS
Comment s'appelle le journal de Marat ?
- L'Ami du peuple
- L'Ennemi du peuple
- Vive le peuple !

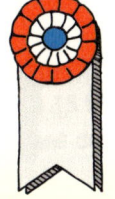

---

2 JUIN 1793 — Chute des Girondins

13 JUIL. 1793 — Assassinat de Marat par Charlotte Corday

17 JUIL. 1793 — Charlotte Corday est guillotinée

DE LA TERREUR À BONAPARTE

Carnot sauve la France d'une invasion étrangère

Grand stratège, Lazare Carnot poursuit sa carrière et sauve sa tête sous la Révolution et l'Empire.

LES DATES

1753 — Naissance de Lazare Carnot

1791 — Carnot élu à la Législative

AOÛT 1793 — Carnot entre au Comité de salut public

La France menacée

Au printemps 1793, une coalition regroupant l'Angleterre, la Hollande, l'Autriche, l'Espagne et la Prusse commence à envahir le territoire français. Carnot réorganise alors l'armée française et stoppe l'avancée des Autrichiens lors de la bataille de Wattignies en octobre.

La terreur aux armées

Le Comité de Salut public, au pouvoir à partir du printemps 1793, réorganise l'armée. Le service militaire est imposé à tous les hommes jeunes, le pays finance les besoins de l'armée et les généraux vaincus sont exécutés. En juin 1794, la France remporte la victoire décisive de Fleurus sur les Autrichiens, ouvrant la Belgique à la France.

Une grande carrière militaire

Carnot est capitaine en 1789, quand il est élu à l'Assemblée législative puis à la Convention. En août 1793, il entre au Comité de Salut public et réorganise l'armée. C'est un personnage énergique, autoritaire et expéditif qui survivra à la Révolution. Il meurt en 1823.

Le brouillard au secours de la victoire

En septembre 1793, les Autrichiens commencent le siège de Maubeuge défendu par 20 000 Français, le 16 octobre, grâce à un épais brouillard, Carnot et Jourdan, à la tête de leurs troupes, lancent l'offensive à Wattignies. Cette victoire marque le redressement français.

CARNOT CONTRE ROBESPIERRE

Lazare Carnot n'est pas un Enragé, c'est-à-dire un partisan d'une Terreur extrême, malgré sa réorganisation autoritaire de l'armée. Ainsi il s'oppose à Robespierre qui craint l'influence de ce chef de guerre. Carnot participera à la chute du dictateur, en juillet 1794.

QUIZ

LES FAITS ET LES ÉVÉNEMENTS
Quelle victoire stoppe l'invasion de la France en 1793 ?
- Fleurus
- Verdun
- Wattignies

LA VIE QUOTIDIENNE
Quel Comité dirige la France au printemps 1793 ?
- le Comité de sûreté générale
- le Comité des fêtes
- le Comité de Salut public

LES HÉROS
Que fait Carnot avec l'armée française ?
- il lui remonte le moral
- il la réorganise
- il la fait battre en retraite

LES GUERRES ET LES BATAILLES
Quel élément aide les Français contre les Autrichiens à Wattignies ?
- le brouillard
- la neige
- la nuit

LES IDÉES, LES PHILOSOPHIES ET LES RELIGIONS
À quel partisan de la Terreur s'oppose Carnot ?
- Hébert
- Saint-Just
- Robespierre

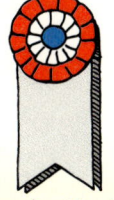

OCT. 1793 — Victoire de Wattignies

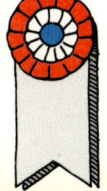

27 JUIL. 1794 — Chute de Robespierre

1823 — Mort de Carnot en Prusse

Le Comité de Salut Public impose la Terreur

Pendant un an, la France est gouvernée par douze hommes qui exercent une véritable dictature sous la conduite de Robespierre.

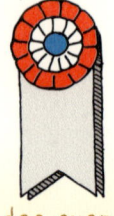

LES DATES

- 21 JANV. 1793 — Exécution de Louis XVI
- JUIL. 1793 — Création du Comité de Salut public
- SEPT. 1793 — Loi des suspects

L'Assemblée abandonne le pouvoir

En juin 1793, l'Assemblée confie le gouvernement de la France à 21 comités, dont deux exercent l'essentiel du pouvoir : le Comité de sûreté générale, chargé de rechercher et de faire condamner les suspects, et le Comité de Salut public, chargé de la guerre et de la politique générale.

La dictature du Comité

Le Comité de Salut public met en place la Terreur en créant un unique tribunal révolutionnaire à Paris. Il promulgue la «loi des suspects», qui permet d'arrêter et d'exécuter ceux qui sont supposés nuire à la Révolution. Selon Robespierre : «On ne chasse pas les traîtres, on les extermine.»

La politique de déchristianisation

La Terreur est aussi religieuse. Le nouveau calendrier révolutionnaire supprime les fêtes religieuses. De nombreuses églises sont fermées et les prêtres sont encouragés à se marier. Certains révolutionnaires souhaitent que le «culte de la raison» remplace le christianisme.

Une discipline de fer dans l'armée

Le Comité de Salut public dirige les opérations militaires extérieures et intérieures. Carnot réorganise l'armée et envoie à la guillotine les anciens généraux. Il exige la victoire à tout prix, quelles que soient les pertes, et une obéissance absolue sous peine d'être exécuté.

LA MORT DE ROBESPIERRE

Ce régime de Terreur cesse avec l'arrestation puis l'exécution de son principal défenseur, Robespierre, le 28 juillet 1794. Le Comité de Salut public continue d'exister jusqu'en octobre 1795 mais il n'a plus tous les pouvoirs, qui reviennent aux députés de la Convention.

QUIZ

LES FAITS ET LES ÉVÉNEMENTS
Combien de comités sont créés en juin 1793 ?
- 11
- 21
- 31

LES IDÉES, LES PHILOSOPHIES ET LES RELIGIONS
Quelle loi permet de faire exécuter les opposants à la Révolution ?
- la loi des accusés
- la loi des suspects
- la loi des condamnés

LA VIE QUOTIDIENNE
Que demande-t-on aux prêtres ?
- de quitter le pays
- de revenir à la vie civile
- de se marier

LES GUERRES ET LES BATAILLES
Qu'exige Carnot, le chef des armées révolutionnaires ?
- la victoire à tout prix
- le sacrifice de ses soldats
- un verre de vin avant le combat

LES HÉROS
Qui défend la Terreur et domine le Comité de Salut public ?
- Carnot
- Saint-Just
- Robespierre

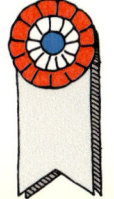

JUIN 1794 — Début de la Grande Terreur

28 JUIL. 1794 — Exécution de Robespierre

OCT. 1795 — Dissolution du Comité de salut public

Les chouans restent fidèles au roi

À l'annonce de la levée d'une armée, les chouans décident de prendre les armes contre les révolutionnaires.

DE LA TERREUR À BONAPARTE

LES DATES

4 AOÛT 1792	21 JAN. 1793	23 FÉV. 1793	10 MARS 1793
Suppression de la gabelle	Mort du roi Louis XVI	Annonce de la levée d'une armée de 300 000 hommes	Révolte en

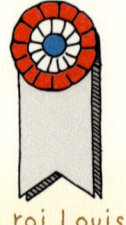

L'HISTOIRE DE FRANCE

L'ouest de la France n'est pas révolutionnaire
Lorsque la Révolution éclate, les habitants de certaines régions de l'ouest de la France n'approuvent pas du tout les changements. Ils restent très attachés au roi et à l'Église. Lorsque le roi est exécuté et que les prêtres sont persécutés par les révolutionnaires, ils sont au bord de la révolte et commencent à se regrouper.

L'ouest de la France s'enflamme
Lorsque la France est envahie par l'armée autrichienne, les révolutionnaires décident de faire partir 300 000 hommes contre elle. Ces hommes doivent être tirés au sort dans toute la France. Mais les paysans de Bretagne, les chouans, refusent de partir et prennent aussitôt les armes.

Jean Cottereau, un héros chouan
C'est Jean Cottereau qui a donné leur nom aux chouans. Pour retrouver ses troupes, il imite en effet le cri du chat-huant (sorte de chouette), qui se dit « choan » en ancien français. Lui-même est surnommé Jean Chouan et devient rapidement le chef des révoltes.

Les chouans prennent les armes
Organisés entre petites bandes, les chouans, armés de faux et de fourches, attaquent les villes et bataillent contre les troupes révolutionnaires, appelées les Bleus. Ils sont bientôt 40 000 et, pendant plusieurs mois, ils défient les Bleus jusqu'à ce qu'une paix soit signée, en avril 1794.

D'ANCIENS CONTREBANDIERS
Certains chouans sont d'anciens contrebandiers du sel. Sous la monarchie, le sel, produit en grande quantité en Bretagne, était soumis à un impôt, la gabelle. Les contrebandiers en faisaient alors le commerce illégalement. Mais la gabelle ayant été supprimée par la Révolution, ils sont ruinés.

QUIZ

LES IDÉES, LES PHILOSOPHIES ET LES RELIGIONS
Par qui les prêtres sont-ils persécutés ?
- par les chouans
- par le roi
- par les révolutionnaires

LES FAITS ET LES ÉVÉNEMENTS
Combien d'hommes doivent être envoyés pour combattre les Autrichiens ?
- 100 000 hommes
- 300 000 hommes
- 30 000 hommes

LES HÉROS
Quel est le surnom de Jean Cottereau ?
- Jean Huant
- Jean Chouan
- Jean Grognant

LES GUERRES ET LES BATAILLES
Quel est le surnom des troupes révolutionnaires ?
- les Bleus
- les Blancs
- les Rouges

LA VIE QUOTIDIENNE
Avec quel produit les chouans faisaient-ils de la contrebande ?
- du tabac
- de l'alcool
- du sel

---

générale Bretagne | 10 DÉC. 1793 Défaite des chouans face aux bleus | 20 AVR. 1794 Signature d'une paix avec les chefs chouans | JUIL. 1794 Soumission définitive des chouans

La Révolution impose sa mode vestimentaire

Alors que certains révolutionnaires renoncent à la culotte, d'autres renoncent à la perruque et adoptent des tenues qui s'inspirent de l'antiquité.

DE LA TERREUR À BONAPARTE

LES DATES

MAI 1789 — Ouverture des états généraux

AOÛT 1792 — Chute de la monarchie

SEPT. 1792 — Prise de la

L'HISTOIRE DE FRANCE

La nouvelle mode révolutionnaire

En 1792, avec la chute de la monarchie, s'impose une mode vestimentaire révolutionnaire. Le port du bonnet phrygien, qui symbolise la liberté, se généralise. Les sans-culottes adoptent le pantalon large, en grosse laine, une veste courte, la carmagnole, un foulard autour du cou et des sabots.

Le retour à la simplicité

Tous les Français ne sont pas vêtus comme des sans-culottes. La mode est à la simplicité et elle s'inspire de l'antiquité vers 1790. Ainsi les hommes renoncent à la perruque, les femmes ne se poudrent plus les cheveux et délaissent le fard et les mouches, ces petits morceaux de taffetas noirs dont elles ornent leur visage pour en faire ressortir l'éclat du teint.

Le costume du bon Français

En mai 1794, le comité de Salut public de Robespierre demande au peintre David de dessiner un costume national. Le projet présente une tunique sur un pantalon collant, des bottines, un bonnet rond et un manteau flottant sur les épaules. En fait, c'est un échec, car personne ne veut le porter.

Un air de Révolution

La Carmagnole est aussi, et surtout, une chanson révolutionnaire écrite par un inconnu à la suite de la prise de la citadelle italienne de Carmagnola en 1792. Le refrain, très populaire est le suivant : «Dansons la carmagnole, Vive le son, Vive le son. Dansons la carmagnole, Vive le son du canon.»

L'HABIT FAIT LE MOINE

Le costume marque l'appartenance sociale. Pour les états généraux de 1789, Louis XVI impose aux nobles de porter un chapeau à plumes blanches et une cape brodée d'or alors que les députés du tiers état étaient vêtus d'un costume noir, d'un manteau uni et d'un chapeau sans garniture.

QUIZ

LES FAITS ET LES ÉVÉNEMENTS
Quels souliers adoptent les sans-culottes ?
- les tongs
- les sabots
- les baskets

LA VIE QUOTIDIENNE
À quel accessoire de mode les hommes renoncent-ils ?
- le ruban dans les cheveux
- le chapeau
- la perruque

LES HÉROS
Quel peintre célèbre est chargé de créer un costume national ?
- Guérin
- David
- Gérard

LES GUERRES ET LES BATAILLES
Que célèbre la chanson «La Carmagnole» ?
- la mort de Louis XVI
- la prise de la citadelle de Carmagnola
- Robespierre

LES IDÉES, LES PHILOSOPHIES ET LES RELIGIONS
Comment sont vêtus les députés du tiers état en 1789 ?
- de peau de bêtes
- tout en noir
- comme des sans-culottes

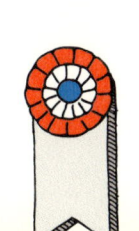

---

forteresse Carmagnola | 1793 Développement du mouvement sans-culottes | 1794 Chute de Robespierre et des sans-culottes

Louis XVI guillotiné place de la Révolution

Impuissant face à la Révolution, Louis XVI tente de s'enfuir. Ramené aux Tuileries, le roi est jugé puis guillotiné.

DE LA TERREUR À BONAPARTE

LES DATES

1754 — Naissance de Louis XVI

1774 — Louis XVI monte sur le trône

14 JUIL. 1789 — Prise de la Bastille

L'HISTOIRE DE FRANCE

Un roi serrurier
Louis XVI devient roi à 19 ans mais il n'est pas très attiré par le pouvoir. Il préfère les plaisirs de la table, la chasse et la serrurerie. Il a du mal à prendre les décisions importantes, surtout lorsque la Révolution éclate. Lorsque le peuple prend la Bastille et réclame des réformes, Louis XVI cherche à gagner du temps et, finalement, il décide de s'enfuir avec sa famille.

La fuite à Varennes
Dans la nuit du 20 juin 1791, le roi et sa famille, déguisés en domestiques, prennent la route vers la frontière de l'est pour quitter la France. à Varennes, lorsque le carrosse s'arrête pour changer de chevaux, la famille royale est reconnue et reconduite à Paris sous bonne escorte.

La prise des Tuileries
Revenu à Paris, le roi continue à écrire à ses partisans réfugiés à l'étranger et même aux rois étrangers. Poussée par Louis XVI, la France déclare la guerre à l'Autriche. Le roi espère que l'armée sera rapidement vaincue et qu'il pourra à nouveau gouverner comme avant. Mais la France est bientôt envahie à l'est. La population parisienne se soulève et attaque les Tuileries. Le roi perd tous ses pouvoirs et est emprisonné avec sa famille.

Le procès du roi
Quatre mois après la prise des Tuileries s'ouvre le procès de Louis XVI. Accusé de trahison, après la découverte de documents secrets dans une armoire blindée, il est condamné à mort par la Convention, c'est-à-dire par les élus qui représentent le peuple. Il est guillotiné le 21 janvier 1793, place de la Révolution.

LA GUILLOTINE
La guillotine doit son nom au docteur Guillotin, qui préconise son utilisation pour couper net la tête des criminels. Pendant la Révolution, elle sert à exécuter tous ceux qui défendent le roi. Les exécutions se déroulent sur la place de Grève (aujourd'hui baptisée place de l'Hôtel-de-Ville) devant la foule.

QUIZ

LES HÉROS
Quelles sont les distractions favorites de Louis XVI ?
- ☐ la guerre
- ☐ la table, la chasse et la serrurerie
- ☐ les échecs

LES FAITS ET LES ÉVÉNEMENTS
Qu'essaie de faire Louis XVI lorsqu'il est arrêté à Varennes ?
- ☐ de fuir la France
- ☐ de partir en vacances
- ☐ de prendre la Bastille

LES GUERRES ET LES BATAILLES
Où habite Louis XVI avant son arrestation ?
- ☐ à la Bastille
- ☐ à Versailles
- ☐ au palais des Tuileries, à Paris

LES IDÉES, LES PHILOSOPHIES ET LES RELIGIONS
De quoi est accusé Louis XVI pendant son procès ?
- ☐ de trahison
- ☐ de vol
- ☐ d'assassinat

LA VIE QUOTIDIENNE
À qui la guillotine doit-elle son nom ?
- ☐ au couteau guillotin
- ☐ à la place où elle est installée
- ☐ au docteur Guillotin

---

21 JUIN 1791
Arrestation de Louis XVI et de sa famille à Varennes

10 AOÛT 1792
Chute de la monarchie

21 JAN. 1793
Louis XVI est guillotiné

DE LA TERREUR À BONAPARTE

Danton arrêté et guillotiné

Révolutionnaire engagé, Danton a voté la mort du roi. Il réclamera pourtant la fin de la Terreur.

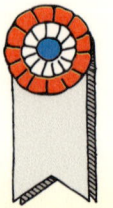

LES DATES

1759	1787	1790
Naissance de Danton	Danton avocat au conseil du roi	Danton fonde le club des Cordeliers

L'HISTOIRE DE FRANCE

Un Montagnard
Issu d'une famille aisée, Georges Danton fait des études de droit et débute sa carrière comme avocat au Conseil du roi. Dès le début de la Révolution, il décide de défendre le peuple. Élu à la Convention, il est du côté des Montagnards, les élus proche du peuple. C'est un orateur, un homme doué pour parler en public.

Le Comité de Salut public
Le 6 avril 1793, Danton crée le Comité de Salut Public afin de prendre des décisions urgentes pour la sécurité du pays. Il en est le président. Avec le temps, le Comité a de plus en plus de pouvoir et d'autorité. Ceux qui mettent en danger la sécurité de la France sont jugés par un tribunal révolutionnaire.

Danton arrêté et guillotiné
Danton est éliminé du Comité de Salut public. Robespierre lui reproche en effet de ne pas assez défendre la Révolution. Danton souhaite maintenant que la violence et la Terreur s'arrêtent et que tous les Français se réconcilient. Robespierre n'est pas d'accord. Dans la nuit du 31 mars, Danton est arrêté. Il est condamné à mort et guillotiné.

Le club des Cordeliers
Avec ses amis Camille Desmoulins et Fabre d'Églantine, Danton décide de fonder un club révolutionnaire, le club des Cordeliers, appelé ainsi parce que ses réunions se tenaient dans le couvent des Cordeliers. Il réclame avec virulence la chute du roi, Louis XVI. Il votera sa mort.

LES SANS-CULOTTES
Les révolutionnaires ne veulent pas s'habiller avec les pantalons étroits et laissant voir le bas des jambes qui rappellent les vêtements de la cour. Ils choisissent de porter des pantalons à rayures, des vestes étroites, appelées carmagnoles, et un bonnet rouge. C'est pourquoi on les appellent les Sans-culottes.

QUIZ

LES HÉROS
Quelle est la profession de Danton ?
- marchand
- avocat
- paysan

LES FAITS ET LES ÉVÉNEMENTS
À quoi sert le Comité de Salut public ?
- à prendre des décisions urgentes pour la sécurité du pays
- à reconstruire le pays
- à apprendre au gens à dire bonjour

LES GUERRES ET LES BATAILLES
Qu'est-ce que Danton veut arrêter ?
- de manger et de boire
- la violence et la terreur
- les voleurs

LES IDÉES, LES PHILOSOPHIES ET LES RELIGIONS
Où se tiennent les réunions du club des Cordeliers ?
- au couvent des Cordonniers
- au couvent des Cordeliers
- chez Danton

LA VIE QUOTIDIENNE
Comment sont les pantalons des Sans-culottes ?
- à rayures
- troués
- tout noirs

1792 — Danton réclame la chute du roi

1793 — Danton fonde le Comité de Salut public

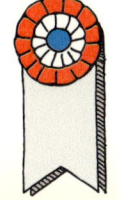

1794 — Mort de Danton

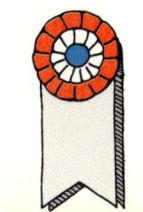

La trahison de Dumouriez

Isolé de tous après avoir livré les représentants du gouvernement aux Autrichiens, Dumouriez, le vainqueur de Valmy, meurt en exil.

DE LA TERREUR À BONAPARTE

LES DATES

MARS 1792 — Dumouriez ministre des Affaires étrangères

SEPT. 1792 — Victoire de Valmy

DÉC. 1792 — Victoire de

La trahison de Dumouriez

Au mois de février 1793, Dumouriez, qui vient de conquérir la Belgique entre en conflit avec la Convention. Accusé d'être passé à l'ennemi après sa défaite à Narviden en mars en Hollande, il est relevé de son commandement. Il refuse de se rendre et livre aux Autrichiens les quatre représentants du gouvernement venus l'arrêter.

L'exilé

Le 5 avril 1793, Dumouriez, isolé, se livre aux Autrichiens. Chassé de partout, il erre à travers l'Europe et finit par s'établir en Angleterre. Après la chute de Napoléon, il demande sans succès à Louis XVIII l'autorisation de revenir en France. Il meurt oublié en Angleterre en 1823.

Une carrière exemplaire

Entré volontaire dans l'armée à 18 ans en 1757, Dumouriez sert dans toute l'Europe. Cependant en 1789, il échoue à se faire élire député aux états généraux. C'est grâce à La Fayette qu'il devient lieutenant général de l'armée puis ministre des Affaires étrangères en mars 1792 dans le gouvernement girondin.

La Convention qui dirige la France

Dumouriez devient un véritable héros en 1792. La France est alors en guerre contre l'Autriche qui menace d'envahir le territoire national. Commandant en chef des armées du Nord et des Ardennes, il remporte la victoire de Valmy en septembre 1792, puis celle de Jemmapes en décembre.

LA FRANCE ASSIÉGÉE

Après l'exécution de Louis XVI en janvier, le printemps 1793 est marqué à Paris par un durcissement du régime avec la création du Comité de Salut public que dirige Robespierre. Au même moment, la Vendée se soulève. C'est le début de la Terreur alors que le pays est menacé sur toutes ses frontières.

QUIZ

LES FAITS ET LES ÉVÉNEMENTS
Qui est livré aux Autrichiens par Dumouriez ?
- des représentants de la Convention
- le ministre de la Guerre
- le ministre des Affaires étrangères

LA VIE QUOTIDIENNE
Quel pays finit par accepter de recevoir Dumouriez ?
- l'Italie
- l'Angleterre
- le Japon

LES HÉROS
Quel personnage célèbre favorise la carrière de Dumouriez ?
- Louis XVI
- Danton
- La Fayette

LES GUERRES ET LES BATAILLES
Quelle grande victoire est remportée par Dumouriez ?
- Valmy
- Verdun
- Crécy

LES IDÉES, LES PHILOSOPHIES ET LES RELIGIONS
Quel régime commence en France au printemps 1793 ?
- la monarchie éclairée
- la démocratie
- la Terreur

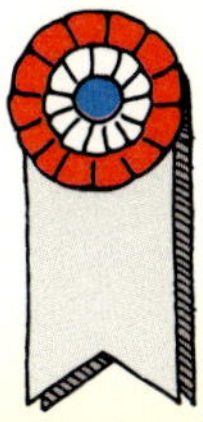

JANV. 1793 — Exécution de Louis XVI

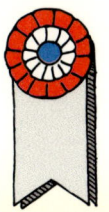

AVRIL 1793 — Dumouriez se livre aux Autrichiens

Jemmapes

DE LA TERREUR À BONAPARTE

La Vendée catholique refuse la Révolution

Une armée de soldats-paysans se rend maître de la Vendée, fidèle au roi, avant d'être exterminée par les Républicains.

LES DATES

MARS 1793
Levée en masse de 300 000 hommes

JUIN 1793
Prise de Saumur et d'Angers

JUIL. 1793
Échec des Vendéens devant Nantes

Le soulèvement

La Vendée se soulève à partir de mars 1793 et refuse la levée en masse, c'est-à-dire l'enrôlement dans l'armée décidée par l'Assemblée. Une véritable armée paysanne prend Saumur, Angers et Cholet. Elle sera finalement détruite à Savenay, au nord de Nantes, en décembre 1793.

Une véritable armée

Au départ armés de pics, de faux et de couteaux, les Vendéens, appelés les «Blancs», récupèrent grâce aux victoires un armement digne d'une armée. Ainsi, lors de la prise de Saumur et d'Angers au mois de juin 1793, ils trouvent des milliers de fusils et une cinquantaine de canons.

Un héros malgré lui

François Charette est officier de marine et défend les Tuileries lorsque les Parisiens viennent arrêter le roi le 10 août 1792.
Il est placé un peu malgré lui à la tête de l'insurrection vendéenne par les paysans. Après quelques succès, il est finalement capturé et fusillé en 1796.

La « virée de Galerne »

Au mois d'octobre 1793, 70 000 Vendéens, civils et des paysans-soldats, reculent devant Cholet et prennent Laval. Mais ils sont bloqués par les «Bleus», les républicains, qui massacrent la colonne. En novembre, il ne reste que 1 500 survivants qui sont eux-mêmes tués le 23 décembre à Savenay.

LA RÉVOLTE DE LA PAYSANNERIE

Le soulèvement de la Vendée est celui des paysans pauvres qui n'ont pas bénéficié des acquis de la Révolution, ne pouvant pas acheter les biens nationaux (des terres notamment) vendus par l'État. Ce soulèvement prend ensuite un caractère royaliste et catholique.

QUIZ

LES FAITS ET LES ÉVÉNEMENTS
Que refusent les Vendéens révoltés ?
- l'enrôlement dans l'armée
- le calendrier républicain
- l'obligation du tutoiement

LA VIE QUOTIDIENNE
Quel est le surnom des Vendéens ?
- les Blancs-cassis
- les Blancs-becs
- les Blancs

LES HÉROS
Quelle est l'activité de Charette, chef des Vendéens ?
- marin-pêcheur
- poissonnier
- officier de marine

LES GUERRES ET LES BATAILLES
Qui écrase les Vendéens lors de la «virée de Galerne» ?
- les Autrichiens
- les Républicains ou «Bleus»
- les Anglais

LES IDÉES, LES PHILOSOPHIES ET LES RELIGIONS
Qui est à l'origine du soulèvement de la Vendée ?
- la bourgeoisie des villes
- les paysans pauvres
- la noblesse royaliste

DÉC. 1793 — Les Vendéens écrasés à Savenay

1794-1800 — La Chouannerie

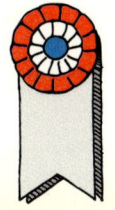

1832 — Fin des troubles en Vendée

Robespierre instaure la Terreur

Le Comité de Salut public décrète la Terreur, régime sanglant et responsable de milliers de morts.

DE LA TERREUR À BONAPARTE — 146

LES DATES

- 21 JANV. 1793 — Exécution de Louis XVI
- MAI-JUIN 1793 — Arrestation des Girondins
- 17 SEPT. 1793 — «Loi des Suspects»

Une loi d'élimination

Le 17 septembre 1793 est mise en application la loi des Suspect qui permet au Tribunal révolutionnaire de frapper ceux qui sont supposés nuire à la Révolution. Robespierre ne disait-il pas : « On ne chasse pas les traitres, on les extermine. » Des milliers de personnes sont arrêtées et 40 000 d'entre elles trouvent la mort entre septembre 1793 et le mois de juin 1794.

L'économie dirigée

La Terreur est aussi économique. Les prix et les salaires sont bloqués et les taxes sur le blé et la farine sont étendues à tous les produits de première nécessité. Le gouvernement vote des emprunts forcés sur la fortune des riches et les stocks de denrées alimentaires sont saisis.

L'accusateur public

Au mois de mars 1793, Fouquier-Tinville devient accusateur public au Tribunal révolutionnaire. D'avril 1793 à juillet 1794, il envoie à la guillotine des milliers de personnes dont Marie-Antoinette, Danton et même son ancien maître Robespierre. Lui-même est guillotiné le 7 mai 1795.

La fin de Robespierre

Au printemps 1794, les Français sont las de cette Terreur, le ravitaillement se fait mal, les prix augmentent, certains révolutionnaires désapprouvent ouvertement Robespierre. Finalement, ce dernier est arrêté le 28 juillet et guillotiné le soir même. La Terreur s'achève.

LA PEUR DU COMPLOT

La Terreur est instaurée pour vaincre les dangers qui selon Robespierre menacent le pays. C'est-à-dire les armées étrangères, le soulèvement royaliste en Vendée et les activités contre-révolutionnaires. En fait, la grande majorité des victimes est composée de paysans et d'artisans.

QUIZ

LES FAITS ET LES ÉVÉNEMENTS
Quel est le nom de la loi qui déclenche la Terreur ?
- la loi des Soupçons
- la loi des Suspects
- la loi de la Jungle

LA VIE QUOTIDIENNE
Dans quel autre domaine Robespierre impose-t-il la Terreur ?
- l'économie
- l'école
- les loisirs

LES HÉROS
Quel personnage célèbre est envoyé sur l'échafaud par Fouquier-Tinville ?
- Louis XVI
- Marie-Antoinette
- Louis XVII

LES GUERRES ET LES BATAILLES
Comment l'initiateur de la Terreur, Robespierre, finit-il sa vie ?
- dans son lit
- sous la guillotine
- assassiné par un moine

LES IDÉES, LES PHILOSOPHIES ET LES RELIGIONS
Qui sont les Français les plus touchés par la Terreur ?
- les nobles
- les paysans et artisans
- les révolutionnaires eux-mêmes

---

5 AVRIL 1794 — Exécution de Danton

AVRIL JUIL. 1794 — La Grande Terreur

28 JUIL. 1794 — Exécution de Robespierre

DE LA TERREUR À BONAPARTE

148

Marie-Antoinette, la reine mal aimée

Accusée de trahison, la reine Marie-Antoinette, épouse du roi Louis XVI, est envoyée sur l'échafaud.

LES DATES

1755 — Naissance à Vienne de Marie-Antoinette

1770 — Mariage avec le futur Louis XVI

10 AOÛT 1789 — Arrestation de la famille royale

L'HISTOIRE DE FRANCE

La reine prisonnière

Marie-Antoinette est captive depuis le 10 août 1792. Internée d'abord à la prison du Temple, elle est séparée de ses enfants en août 1793 et transférée à la Conciergerie dans un étroit cachot. Son procès commence le 14 octobre 1793 et dure trois jours. Elle est exécutée le 16 octobre à midi.

« L'Autrichienne »

Marie-Antoinette est la fille de l'empereur germanique François Ier et de l'impératrice Marie-Thérèse, reine de Hongrie et de Bohème. Elle épouse le dauphin, futur Louis XVI, en 1770. Elle aura deux filles et deux fils. L'un meurt en 1789, l'autre, Louis XVII, dans sa prison en 1795.

La reine contre la Révolution

La reine est rapidement la victime de ragots sur sa fidélité à la fois au roi et à la France. Mais il est vrai qu'elle pousse Louis XVI à résister aux révolutionnaires. C'est elle aussi qui l'encourage à fuir et qui souhaite ouvertement l'intervention militaire des Autrichiens.

La Révolution meurtrière

La Terreur est aggravée en septembre 1793 par la «loi des suspects» qui permet d'arrêter sans aucune restriction tous ceux qui paraissent suspects au tribunal révolutionnaire. Marie-Antoinette n'est qu'une victime parmi les 16 000 qui périrent jusqu'en juillet 1794.

LA FIN DE LA MONARCHIE EN FRANCE

La reine de France est accusée de trahison et de complot avec l'étranger. En fait, les révolutionnaires montagnards souhaitent mettre un terme définitif à la monarchie en France. C'est la véritable raison de l'exécution de la reine et de la captivité de son fils, qui meurt en 1795.

QUIZ

LES FAITS ET LES ÉVÉNEMENTS
Où la reine est-elle enfermée à partir d'août 1793 ?
- dans un hôtel de luxe
- dans une ferme en Auvergne
- dans un étroit cachot

LES HÉROS
Quel titre porte le seul fils survivant de la reine ?
- Louis XVI bis
- Louis XVII
- Louis XVIII

LA VIE QUOTIDIENNE
Quel conseil donne Marie-Antoinette au roi ?
- elle l'encourage à fuir
- elle lui demande de se rendre
- elle lui conseille de se cacher

LES GUERRES ET LES BATAILLES
Quel est le nom du régime qui débute en juin 1793 ?
- les Années folles
- la Grande Dépression
- la Terreur

LES IDÉES, LES PHILOSOPHIES ET LES RELIGIONS
De quoi Marie-Antoinette est-elle accusée ?
- d'avoir volé des richesses nationales
- d'avoir comploté avec l'étranger
- de corruption

---

21 JANV. 1793
Exécution de Louis XVI

16 OCT. 1793
Exécution de Marie-Antoinette

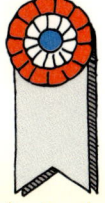

JUIN 1795
Mort de Louis XVII

Les Français touchés par la fièvre du mariage

La Révolution facilite le mariage, autorise le divorce et protège de la guerre les jeunes mariés.

DE LA TERREUR À BONAPARTE — 150

LES DATES

- **1790** — Création d'un bureau des mariages
- **AVRIL 1792** — La France entre en guerre
- **SEPT. 1792** — Nouvelle législation et autorisation

L'HISTOIRE DE FRANCE

Le mariage civil
Le 20 septembre 1792, l'Assemblée change les règles du mariage. Celui-ci est enregistré devant un officier municipal et non plus seulement par le curé. Par ailleurs le divorce est autorisé et l'âge légal du mariage est fixé à quinze ans pour les hommes et treize ans pour les filles.

L'agence matrimoniale
Pour faciliter les recherches des candidats au mariage, est créé en 1790 un Bureau qui enregistre l'âge, l'origine sociale et la fortune des personnes désireuses de se marier. Tous les mardis et vendredis un petit journal de quatre pages est envoyé aux abonnés qui peuvent ainsi choisir tranquillement leur partenaire.

Le mariage pour éviter la guerre
En avril 1792 la France entre en guerre contre l'Europe. Le pays a besoin de volontaires et en février 1793, 300 000 hommes sont mobilisés par tirage au sort. Seules les personnes mariées échappent au tirage au sort. Le nombre des mariages passe de 230 000 en 1792 à 325 000 en 1793 !

Le mariage des prêtres
Le mariage des prêtres est très discuté sous la Révolution et malgré l'opposition du pape, de très nombreux curés et même certains évêques se marient. L'Assemblée protège les prêtres sanctionnés par le pape en les autorisant à reprendre leurs fonctions dans les paroisses.

À LA VIE À LA MORT
Le mariage n'est pas toujours un heureux événement. Ainsi à Nantes, le révolutionnaire et tortionnaire Jean-Baptiste Carrier organise des «mariages républicains». Il s'agit de lier ensemble, face à face, un homme et une femme, suspects d'être des royalistes, et de les jeter dans la Loire. Il y aura plus de 10 000 victimes.

QUIZ

LES FAITS ET LES ÉVÉNEMENTS
À quel âge les filles peuvent-elles se marier ?
- 12 ans
- 13 ans
- 15 ans

LA VIE QUOTIDIENNE
Qu'est-ce qui est créé en 1790 pour aider les candidats au mariage ?
- un journal
- une agence matrimoniale
- des dîners de célibataires

LES GUERRES ET LES BATAILLES
Comment sont mobilisés les hommes dans l'armée ?
- par tirage au sort
- selon leur fortune
- selon leur âge

LES IDÉES, LES PHILOSOPHIES ET LES RELIGIONS
Que pense le pape du mariage des prêtres ?
- il s'y oppose
- il est d'accord car lui-même est marié
- il y est indifférent

LES SITES ET LES LIEUX
Dans quelle ville Carrier pratique-t-il ses «mariages républicains» ?
- Lyon
- Nantes
- Bordeaux

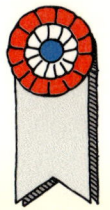

151

du mariage du divorce | FÉV. 1793 — Mobilisation de 300 000 hommes | AOÛT 1793 — Levée en masse des célibataires

Les prisons sous la Révolution

Plus de 500 000 Français croupissent dans les prisons.
La capitale est transformée en une vaste maison d'arrêt.

DE LA TERREUR À BONAPARTE

LES DATES

10 AOÛT 1792 — Chute de la royauté

2-6 SEPT. 1792 — Massacres de septembre

21 JANV. 1793 — Exécution de Louis XVI

La Conciergerie

En 1789, une dizaine de prisons existent à Paris. En 1793, il y en a plus de 50. La plus ancienne est la Conciergerie, dans l'Ile du Palais, baptisée «antichambre de la guillotine». C'est ici que furent emprisonnés Danton et Marie-Antoinette avant leur exécution sur l'échafaud.

La condition du prisonnier

Les conditions de vie sont très différentes d'une prison à une autre. Dans les plus mal tenues, les épidémies sont nombreuses et les prisonniers meurent souvent avant même leur procès. D'autres, tels les anciens hôpitaux Saint-Lazare et la Salpêtrière offrent un meilleur «confort».

Le guillotineur

Fouquier-Tinville est accusateur public au Tribunal révolutionnaire créé en février 1793. Durant seize mois, il va devenir le pourvoyeur de la guillotine. Tous les matins, il fixe avec le bourreau le nombre de charettes de condamnés à mort. Lui-même sera finalement exécuté en mai 1795.

Les massacres de septembre

En août 1792, les troupes étrangères menacent d'envahir la France. Marat appelle les Parisiens à la vengeance et en septembre, 1500 prisonniers sont massacrés. La princesse de Lamballe est décapitée et sa tête portée sur une pique devant les fenêtres de Marie-Antoinette.

LES HÔPITAUX TRANSFORMÉS EN PRISON

Le manque de prisons entraîne la transformation de couvents et d'hôpitaux en geôles. Ainsi, l'ancien hôpital pour lépreux Saint-Lazare devient prison en janvier 1793 et reçoit en particulier madame de Montmorency-Laval, sourde et aveugle et pourtant condamnée à mort pour complot.

QUIZ

LES FAITS ET LES ÉVÉNEMENTS
Quelle est la plus ancienne prison de Paris ?
- la Bastille
- la Conciergerie
- la Santé

LA VIE QUOTIDIENNE
Pourquoi certains prisonniers meurent-ils en prison ?
- ils sont victimes d'épidémies
- ils meurent de faim
- ils sont assassinés

LES HÉROS
Quelle est la fonction de Fouquier-Tinville ?
- bourreau
- accusateur public
- avocat de la défense

LES GUERRES ET LES BATAILLES
Combien de prisonniers sont massacrés en septembre 1792 ?
- 100
- 500
- 1500

LES SITES ET LES LIEUX
Qui était soigné à l'hôpital Saint-Lazare à Paris ?
- les aveugles
- les tuberculeux
- les lépreux

MARS 1793 — Création du Tribunal Révolutionnaire

SEPT. 1793 — Début de la Terreur

JUIL. 1794 — Fin de la Terreur

Hébert et les Enragés partisans de la Terreur

Robespierre fait guillotiner les défenseurs acharnés de la Terreur qui l'accusent d'être trop modéré.

DE LA TERREUR À BONAPARTE

154

LES DATES

21 JANV. 1793 — Exécution de Louis XVI

JUIN 1793 — Création du Comité de Salut public

17 SEPT. 1793 — Loi des suspects

L'HISTOIRE DE FRANCE

La Terreur
À partir de septembre 1793, le Comité de Salut public, dominé par Robespierre, met en place la Terreur. Le gouvernement révolutionnaire cherche à imposer son autorité à tous les Français et élimine les opposants grâce à la «loi des suspects» et au tribunal révolutionnaire.

Une véritable saignée
La Terreur, encouragée par les Enragés et mise en place par Robespierre, s'appuie sur les tribunaux révolutionnaires qui condamnent à mort 17 000 personnes. Si on y ajoute les individus exécutés sans jugement et ceux morts en prison, le bilan est de 40 000 morts.

Hébert ou la Terreur aveugle
Hébert est le rédacteur du «Père Duchesne», journal populaire et extrémiste. Il défend la Terreur, la déchristianisation et encourage le peuple à envahir l'Assemblée qui lui paraît trop modérée. En mars 1794, il signe son arrêt de mort en s'opposant à Robespierre, qui le fait guillotiner.

Une minorité virulente
Les Enragés s'affirment comme groupe extrémiste à partir de l'été 1793. Ils réclament la taxation des denrées, la réquisition des grains et l'élimination des riches. Ils ne forment qu'une minorité derrière l'ancien prêtre Jacques Roux qui appelle le peuple à un nouveau soulèvement.

DÉJÀ DU JOURNALISME À SCANDALE
Hébert est connu pour la violence et la vulgarité de ses articles dans «le Père Duchesne». Mais surtout il se discrédite aux yeux des révolutionnaires, même les plus durs, en lançant la scandaleuse accusation d'inceste contre la reine à l'occasion de son procès.

QUIZ

LES FAITS ET LES ÉVÉNEMENTS
Quel nom porte la politique mise en place par Robespierre en 1793 ?
- ☐ l'autocratie
- ☐ la démocratie
- ☐ la Terreur

LA VIE QUOTIDIENNE
Quel est le bilan des victimes de la Terreur ?
- ☐ 10 000 morts
- ☐ 25 000 morts
- ☐ 40 000 morts

LES HÉROS
Quel est le nom du journal d'Hébert ?
- ☐ «le Canard-Duchesne»
- ☐ «le Père Duchesne»
- ☐ «le Duchesne»

LES GUERRES ET LES BATAILLES
Quelle activité exerçait Jaques Roux, l'un des meneurs des Enragés ?
- ☐ marin-pêcheur en Bretagne
- ☐ prêtre
- ☐ garçon de café

LES IDÉES, LES PHILOSOPHIES ET LES RELIGIONS
Pour quelles raisons les articles d'Hébert sont-ils connus ?
- ☐ pour leur qualité littéraire
- ☐ pour leur violence et leur vulgarité
- ☐ pour leurs fautes d'orthographe

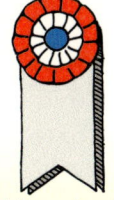

MARS 1794 — Exécution d'Hébert et des Enragés

JUIN 1794 — La «Grande Terreur»

28 JUIL. 1794 — Exécution de Robespierre

Fouquier-Tinville, accusateur public sans pitié

Des centaines de personnes sont envoyées à l'échafaud par le Tribunal révolutionnaire.

DE LA TERREUR À BONAPARTE

156

LES DATES

1746
Naissance de Fouquier-Tinville

MARS 1793
Fouquier-Tinville accusateur public au Tribunal révolutionnaire

16 OCT. 1793
Exécution de

L'HISTOIRE DE FRANCE

La chasse aux sorcières
Après l'arrestation des Girondins au mois de juin 1793, les Montagnards dirigés par Robespierre mettent en place le régime de la Terreur. Le nouveau Tribunal révolutionnaire, dirigé par Fouquier-Tinville, envoie en trois mois plusieurs milliers de personnes à la guillotine, dont Marie-Antoinette.

Une crise de subsistance
Les dépenses de la guerre et la désorganisation des finances du pays entraînent une grave crise économique. En septembre 1793, le gouvernement fixe des prix maximum de vente pour les denrées de premières nécessités comme le blé ou la farine. Il bloque aussi les salaires qui ne peuvent plus augmenter.

Un procureur docile et organisé
Fils cadet d'une famille de petite noblesse, Fouquier-Tinville mène une existence difficile avant d'être nommé, en mars 1793, accusateur public au Tribunal révolutionnaire. Durant seize mois, il obéit scrupuleusement aux ordres, arrive au Tribunal à 8 heures du matin, et décide alors du nombre de condamnés pour la journée.

L'accusateur accusé
Fouquier-Tinville est très étonné lorsqu'il est arrêté à son tour en 1795. Il se défend violemment en prétextant avoir seulement obéi aux ordres. Après huit mois de prison, son procès, équitable pour une fois, dure trente-neuf jours. Il est finalement guillotiné avec quinze autres membres du Tribunal révolutionnaire.

LA MISE EN PLACE DE LA TERREUR
En juin 1793, les Montagnards mettent en place un gouvernement révolutionnaire qui supprime toutes les libertés. Le pouvoir appartient à des comités dont le Comité de Salut public et le Comité de Sûreté général. Le nouveau Tribunal Révolutionnaire se charge d'éliminer les opposants.

QUIZ

LES FAITS ET LES ÉVÉNEMENTS
Qui est le chef des Montagnards ?
- Louis XVI
- Robespierre
- Marat

LA VIE QUOTIDIENNE
Que fait le gouvernement pour limiter la crise économique ?
- il achète du blé à l'étranger
- il fixe des prix maximum
- il augmente les salaires

LES HÉROS
Que fait Fouquier-Tinville tous les matins ?
- une course à pied
- Il fixe le nombre des condamnés pour la journée
- son lit

LES GUERRES ET LES BATAILLES
Comment meurt Fouquier-Tinville ?
- exilé sur une île du Pacifique
- guillotiné
- tranquillement dans son lit

LES IDÉES, LES PHILOSOPHIES ET LES RELIGIONS
Quel Comité dirige la France en 1793 ?
- le Comité des Sages
- le Comité des fêtes
- le Comité de Salut public

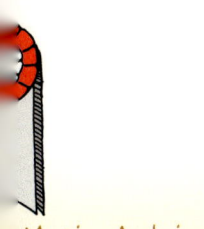

Marie-Antoinette | 28 JUIL. 1794 Chute de Robespierre | 7 MAI 1795 Exécution de Fouquier-Tinville

La Révolution contre l'Église

La déchristianisation entraîne le pillage des églises et la persécution des prêtres.

DE LA TERREUR À BONAPARTE

158

LES DATES

12 JUIL. 1790 — Constitution civile du clergé

10 AOÛT 1793 — Fête de la Raison

AUTOMNE 1793 — Terreur

L'HISTOIRE DE FRANCE

L'offensive contre l'Église
À partir du 5 octobre 1793 et le décret du calendrier révolutionnaire, commence en France un mouvement de déchristianisation. Les prêtres qui n'ont pas prêté serment à la Constitution civile du clergé sont bannis, le culte interdit, les images pieuses brûlées et détruites et certaines églises sont pillées.

«Jureurs» et «Réfractaires»
Le 12 juillet 1790 est votée la Constitution civile du clergé. Les évêques et curés reçoivent un traitement et sont élus. À partir du 27 novembre, les ecclésiastiques doivent prêter un serment de fidélité à la nation, à la loi et au roi. Ceux qui refusent sont les «réfractaires», poursuivis à partir de 1793.

La nouvelle religion de Robespierre
Robespierre est hostile à la déchristianisation extrême mais aussi à la nouvelle religion de la déesse Raison. Il inaugure le 8 juin 1794 le culte de l'«Etre Suprême», divinité impersonnelle qui aurait créé l'univers. Il s'agit de remplacer le catholicisme et le rôle de l'Église tout en conservant la croyance en un Dieu tout-puissant.

Robespierre contre Hébert
La politique antireligieuse divise les Montagnards. Danton et Robespierre estiment qu'elle choque de nombreux Français et les éloignent de la Révolution. Au contraire, les «Enragés» menés par Hébert, sont favorables à la Terreur religieuse. Robespierre les élimine finalement en mars 1794.

LA DÉESSE RÉVOLUTIONNAIRE
Pour les Montagnards les plus extrémistes, le christianisme doit être remplacé par une nouvelle religion, le culte de la Raison. Le 10 août 1793, sur la place de la Bastille, est érigée une statue colossale de la déesse Raison. Notre-Dame de Paris devient le temple de ce nouveau culte éphémère.

QUIZ

LES FAITS ET LES ÉVÉNEMENTS
Quelle mesure marque le début de la déchristianisation ?
- ☐ l'adoption du calendrier révolutionnaire
- ☐ l'interdiction de devenir prêtre
- ☐ l'obligation pour les évêques d'être marié

LA VIE QUOTIDIENNE
Quel nom portent les prêtres qui refusent de prêter serment ?
- ☐ les Traîtres
- ☐ les Réfractaires
- ☐ les Fidèles

LES HÉROS
Quel nouveau culte tente d'imposer Robespierre ?
- ☐ le culte de l'Huître Bleue
- ☐ le culte de la Raison
- ☐ le culte de l'Etre suprême

LES GUERRES ET LES BATAILLES
Quel groupe, favorable à la Terreur religieuse, s'oppose à Robespierre ?
- ☐ les Athées
- ☐ les Enragés
- ☐ les Indulgents

LES SITES ET LES LIEUX
Où est installée la statue de la déesse de la Raison ?
- ☐ place de la Bastille
- ☐ en pleine campagne
- ☐ dans la cour des Tuileries

---

religieuse | 8 JUIN 1794 — Fête de l'Etre Suprême | 28 JUIL. 1794 — Exécution de Robespierre

Pichegru, simple soldat puis général conquérant

Après une brillante carrière militaire, Pichegru complote contre Bonaparte et meurt mystérieusement en prison.

DE LA TERREUR À BONAPARTE

160

LES DATES

JUIN 1794 — Victoire de Fleurus

HIVER 1794 - 1795 — Pichegru conquiert la Hollande

SEPT. 1797 — Arrestation et de

L'HISTOIRE DE FRANCE

La Révolution triomphante

Après la victoire de Jourdan sur les Autrichiens, à Fleurus, au mois de juin 1794, les portes de la Belgique et de la Hollande sont ouvertes aux armées françaises. Alors que Jourdan conquiert les pays rhénans, le général Pichegru se lance à l'assaut de la Hollande qui devient la république Batave.

Une ascension fulgurante

Simple soldat en 1780, Pichegru s'engage dans la Révolution en fréquentant le club des Jacobins. Il monte en grade très rapidement, et en 1793, il est général de division, puis commandant de l'armée du nord. Le gouvernement l'oblige à démissionner en 1795 à cause de ses relations avec les royalistes.

Le général Hiver

Les Français attaquent la Hollande pendant l'hiver 1794-1795. Le grand froid a fait geler les canaux, ce qui permet alors le passage de l'armée française à pied sec. Ainsi, le général Pichegru, grâce à sa seule cavalerie, a pu capturer la flotte hollandaise bloquée par les glaces au Texel.

Le conspirateur

Le 4 septembre 1797, ou 18 Fructidor, le gouvernement fait arrêter le général Pichegru et les royalistes. Il est déporté en Guyane, mais s'évade en 1798. Il rejoint alors la conspiration de Cadoudal contre Bonaparte. Finalement arrêté, il est retrouvé étranglé dans sa prison en 1804. Assassinat ou suicide ?

BELGIQUE ET PAYS-BAS

La Hollande se proclame république Batave en 1795. Cependant, les Hollandais refusent peu à peu la présence de l'armée française qu'ils considèrent comme une occupation. Transformés en royaume sous Bonaparte, les Pays-Bas renaissent en 1814, et la Belgique est créée en 1830.

QUIZ

LES FAITS ET LES ÉVÉNEMENTS
Quel nom prend la Hollande en 1795 ?
- la république Bâtarde
- la république Batave
- la république Betterave

LES HÉROS
Avec quel grade Pichegru entre-t-il dans l'armée ?
- Aucun, il est simple soldat
- Il est tout de suite général
- caporal-chef

LES GUERRES ET LES BATAILLES
Comment les Français traversent-ils les canaux de Hollande ?
- à pied, car ils sont gelés
- à la nage
- en construisant des ponts

LES IDÉES, LES PHILOSOPHIES ET LES RELIGIONS
Quelle conspiration rejoint Pichegru ?
- la conspiration des Égaux
- la conspiration de Cadoudal
- le Club des Cinq

LES SITES ET LES LIEUX
En quelle année est créée la Belgique ?
- 1820
- 1830
- 1850

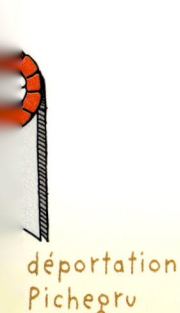

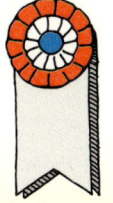

---

déportation Pichegru

9 NOV. 1799 — Coup d'État de Napoléon

AVRIL 1804 — Pichegru meurt en prison

la conquête de la Belgique

La bataille de Fleurus, l'un des combats les plus acharnés des guerres révolutionnaires fait 10 000 morts.

DE LA TERREUR À BONAPARTE

LES DATES

DÉC. 1792 — Victoire de Jemmapes

FÉV. 1793 — Guerre contre la Hollande et l'Angleterre

26 JUIN 1794 — Victoire

L'HISTOIRE DE FRANCE

Une lutte indécise
Le 26 juin 1794, Cobourg et ses 70 000 soldats austro-hollandais attaquent l'armée de Jourdan forte de 80 000 hommes. La bataille est acharnée et indécise. Finalement, les Français forcent Cobourg au repli. La route de la Belgique est ouverte mais 10 000 soldats restent sur le champ de bataille.

Un prestigieux militaire
Jourdan débute sa carrière militaire au cours de la guerre d'indépendance américaine en 1778. Entré dans la garde nationale, il gravit rapidement les échelons, se bat à Jemmapes et obtient le grade de général. En 1794, il commande l'armée de la Moselle, qui conquiert la Belgique puis une partie de l'Allemagne.

La reconquête
Après la victoire de Fleurus, l'offensive se poursuit en Belgique, où Bruxelles et Liège sont prises, puis dans les pays rhénans avec la conquête de Cologne, Coblence et même Francfort. Au même moment, les armées françaises entrent en Hollande, en Espagne et en Italie.

La terreur dans l'armée
La France est en lutte contre toute l'Europe depuis février 1793. Afin de sauver la Révolution, les Montagnards organisent la Terreur aux armées. Le service militaire est imposé à tous les hommes jeunes. La condamnation à mort des généraux vaincus et une discipline de fer sont instituées.

LA CAMPAGNE DE JOURDAN
C'est après six tentatives infructueuses que Jourdan, général en chef de l'armée révolutionnaire française, réussit à passer la rivière Sambre près de Charleroi puis s'empare de cette ville au bout d'une semaine de siège. Fleurus est à quelques kilomètres de Charleroi dans l'actuelle Belgique.

QUIZ

LES FAITS ET LES ÉVÉNEMENTS
Quelle armée combat le général Jourdan ?
- l'armée anglaise
- l'armée austro-hollandaise
- l'armée belge

LES HÉROS
Dans quelle guerre s'est distingué Jourdan avant la Révolution ?
- la guerre d'indépendance américaine
- la guerre des boutons
- la guerre civile en Chine

LES GUERRES ET LES BATAILLES
Dans quels pays entrent les armées françaises après Fleurus ?
- en Angleterre, Ecosse et Irlande
- en Hollande, Espagne et Italie
- en Suède, Finlande et Norvège

LES IDÉES, LES PHILOSOPHIES ET LES RELIGIONS
Quelle peine encourent les généraux français vaincus ?
- la fessée en public
- la mort
- le remboursement des dépenses de guerre

LES SITES ET LES LIEUX
Dans quel pays se trouve actuellement Fleurus ?
- en France
- aux Pays-Bas
- en Belgique

de Fleurus | 27 JUIL. 1794 Chute de Robespierre | NOV. 1833 Mort du maréchal Jourdan

La Grande Terreur
ou la Révolution criminelle

De juin à juillet 1794, la guillotine fait tomber plus de trente têtes par jour et la peur règne dans la capitale.

DE LA TERREUR À BONAPARTE

164

LES DATES

JANV. 1793 — Exécution de Louis XVI

SEPT. 1793 — Loi des suspects, début de la Terreur

AVRIL 1794 — Exécution

L'HISTOIRE DE FRANCE

Un Tribunal tout-puissant
La loi du 22 Prairial an II (10 juin 1794) renforce la Terreur qui est en place depuis septembre 1793. Seul le Tribunal révolutionnaire de Paris peut juger les «ennemis de la Révolution». Le procès se fait sans témoin, sans avocat de la défense et la seule peine possible est la mort.

Une folie destructrice
Entre juin et juillet 1794, les victimes de la Grande Terreur sont plus nombreuses que celles de la Terreur depuis octobre 1793 : mille quatre cents personnes sont exécutées. Par exemple, dans la nuit du 18 au 19 juin, cent cinquante prisonniers sont guillotinés à la prison de la Conciergerie (prison aménagée sous la Révolution) sans avoir reçu aucun jugement.

« La République n'a pas besoin de savant »
La plus illustre victime de la Grande Terreur est Lavoisier, le plus grand chimiste de son époque, auteur notamment de la découverte de l'oxygène. Mais il était aussi fermier général, c'est-à-dire collecteur d'impôts pour le roi, ce que les révolutionnaires ne lui pardonnent pas. Il est guillotiné le 8 mai 1794.

Robespierre ou la Terreur à tout prix
La France est dirigée par le Comité de Salut Public qui exerce une véritable dictature sur le pays. À sa tête, Robespierre encourage la Terreur. Certains, comme Carnot, la jugent inutile après la victoire militaire de Fleurus en juin 1794. Finalement en juillet, Robespierre est arrêté puis guillotiné.

200 TÊTES PAR SEMAINES !
La guillotine est installée place de la Révolution (actuelle place de la Concorde) mais le 10 juin 1794, elle est déplacée près de la barrière du Trône (place de la Nation). En sept semaines, 1400 têtes sont décollées, c'est-à-dire 200 par semaines ; depuis septembre 1793, plus de 16 500 sont tombées.

QUIZ

LES FAITS ET LES ÉVÉNEMENTS
À quel mois correspond Prairial ?
- mai
- juin
- juillet

LA VIE QUOTIDIENNE
De juin à juillet 1794, combien de personnes sont exécutées ?
- 150
- 1400
- 5400

LES HÉROS
Quelle découverte fit le grand savant Lavoisier ?
- le fil à couper le beurre
- l'eau chaude
- l'oxygène

LES GUERRES ET LES BATAILLES
Quel Comité dirige la France en 1794 ?
- le Comité des Sages
- le Comité des Fêtes
- le Comité de Salut Public

LES SITES ET LES LIEUX
Quel est le nom actuel de l'ancienne place de la Révolution ?
- place de la République
- place de la Bastille
- place de la Concorde

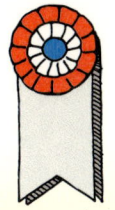

JUIN 1793 — Début de la Grande Terreur

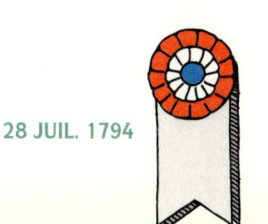

28 JUIL. 1794 — Exécution de Robespierre, fin de la Terreur

de Danton

Condorcet, contre la violence révolutionnaire

Condorcet est un esprit brillant victime de sa tolérance face aux partisans d'une Terreur aveugle.

DE LA TERREUR À BONAPARTE

166

LES DATES

1743 — Naissance de Condorcet

1769 — Condorcet entre à l'Académie des sciences

1791 — Député à la

L'HISTOIRE DE FRANCE

Accusé de trahison

En juillet 1793, le marquis de Condorcet est accusé par les Montagnards d'être un conspirateur et un ennemi de la République. Il se cache alors pendant huit mois à Paris puis décide de quitter la capitale. Il est arrêté en chemin en mars 1794 et absorbe alors du poison pour échapper à la guillotine.

Un député au travail

Condorcet est élu à l'Assemblée législative en 1791 puis à la Convention. Il y présente en avril 1792 un projet remarquable sur l'organisation de l'instruction publique. Malheureusement les révolutionnaires enterrent ce projet car au même moment la France entre en guerre contre l'Europe.

Un esprit curieux

Le marquis de Condorcet a 46 ans en 1789 et sa carrière est déjà bien remplie. Après de brillantes études scientifiques, en particulier de mathématiques, Condorcet est élu à 26 ans à l'Académie des sciences. Mais il est aussi philosophe et collabore à l'«Encyclopédie».

Contre la violence et la précipitation

Condorcet est favorable au régime républicain où le peuple pourrait s'exprimer. Ainsi lors du procès du roi il ne vote pas la mort mais l'appel au peuple et la détention perpétuelle. Il refuse d'autre part les réformes violentes et soudaines et souhaite le progrès de l'humanité par étapes.

MADAME LA MARQUISE

Condorcet épouse en 1786 Sophie de Grouchy, sa cadette de 20 ans. Elle tient à l'hôtel des monnaies un salon littéraire et philosophique extrêmement brillant où se retrouvent les encyclopédistes. Mais à la mort de son mari en 1794, elle se retrouve dans la misère pour un temps.

QUIZ

LES FAITS ET LES ÉVÉNEMENTS
Quelle accusation portent les Montagnards contre Condorcet ?
- c'est un conspirateur
- c'est un royaliste
- c'est un traître à la Patrie

LA VIE QUOTIDIENNE
Que cherche à réorganiser Condorcet ?
- les jardins des Tuileries
- l'instruction publique
- les heures d'ouverture des cafés

LES SITES ET LES LIEUX
Que tient la femme de Condorcet à l'Hôtel des Monnaies ?
- les toilettes publiques
- un salon littéraire
- un bureau de tabac

LES HÉROS
À quel célèbre ouvrage collabore Condorcet ?
- les Fables de la Fontaine
- l'Encyclopédie
- le Guide Bleu

LES IDÉES, LES PHILOSOPHIES ET LES RELIGIONS
Que fait Condorcet lors du procès de Louis XVI ?
- il vote la mort
- il ne vote pas la mort
- il est en vacances à l'étranger

législative | 1793 Condorcet ne vote pas la mort du roi | MARS 1794 Condorcet s'empoisonne

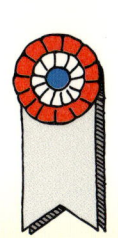

« La République n'a pas besoin de savants »

Le plus grand chimiste français est exécuté parce qu'il est aussi collecteur d'impôts et haï des révolutionnaires.

DE LA TERREUR À BONAPARTE

LES DATES

- 1743 — Naissance d'Antoine Lavoisier
- 1768 — Lavoisier entre à l'Académie des sciences
- 1777 — Découverte et de

L'HISTOIRE DE FRANCE

Une consternante exécution
Le passé de fermier général d'Antoine Lavoisier, c'est-à-dire de collecteur d'impôt, lui vaut de nombreuses attaques de la part des révolutionnaires qui le considèrent comme un privilégié et qui estiment que «la Révolution n'a pas besoin de savants». Il est alors condamné et guillotiné le 8 mai 1794.

Le douanier Lavoisier
Jusqu'en 1791, Lavoisier s'occupe aussi de lever les octrois autour de Paris, c'est-à-dire les taxes sur les produits pénétrant dans la capitale. Il obtient même la construction d'un mur autour de Paris pour éviter les fraudes. Cette activité le rend très impopulaire auprès des Parisiens qui ne le lui pardonneront pas.

Un brillant sujet
Antoine Laurent de Lavoisier est le fils d'un riche procureur au Parlement qui accède à la noblesse en 1772. C'est un brillant élève qui s'intéresse aux mathématiques et à la chimie. À 23 ans, il remporte le prix de l'Académie des Sciences. à 25 ans, il entre à la prestigieuse Académie des sciences et commence des expériences qui font de lui le père de la chimie moderne.

Les scientifiques enrôlés
À partir de 1792 et l'entrée en guerre de la France, de nombreux savants sont mobilisés pour organiser la production de poudre, d'acier. Certains font de belles carrières comme Gaspard Monge, ministre de la Marine. En fait, seul Lavoisier fut victime de la Révolution parce qu'il avait été fermier général.

LE CHIMISTE
Lavoisier est le père de la chimie en tant que science. C'est lui qui introduit l'usage systématique de la balance et qui énonce la loi de la conservation des masses. Il est le premier à résoudre le problème de l'oxydation des métaux. On lui doit encore l'analyse de l'air et l'identification de l'azote et l'oxygène.

QUIZ

LES FAITS ET LES ÉVÉNEMENTS
Pour laquelle de ses activités Lavoisier est-il condamné à mort ?
- ☐ son travail de chimiste
- ☐ sa fonction de député aux états généraux
- ☐ sa fonction de fermier général

LES IDÉES, LES PHILOSOPHIES ET LES RELIGIONS
Qu'identifie Lavoisier ?
- ☐ l'eau chaude
- ☐ l'oxygène et l'azote
- ☐ le pétrole

LES HÉROS
À quel âge Lavoisier entre-t-il à l'Académie des sciences ?
- ☐ à 20 ans
- ☐ à 25 ans
- ☐ à 30 ans

LES GUERRES ET LES BATAILLES
Pourquoi la guerre entraîne-t-elle la mobilisation des savants français ?
- ☐ pour produire de la poudre et de l'acier
- ☐ pour construire de nouveaux canons
- ☐ pour créer des gaz asphyxiants

LA VIE QUOTIDIENNE
Pourquoi Lavoisier est-il impopulaire ?
- ☐ il a fait construire un mur autour de Paris pour éviter les fraudes
- ☐ il a doublé les impôts des Parisiens
- ☐ il a fait interdire les jeux d'argent

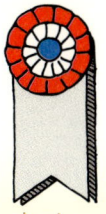

---

de l'oxygène / azote | NOV. 1793 — Arrestation des fermiers généraux | 8 MAI 1794 — Exécution de Lavoisier

Un grand acteur de la Révolution

Robespierre, après avoir été l'ami de Danton, s'acharne contre lui et le fait exécuter.

LES DATES

1759 — Naissance de Georges Jacques Danton

1792 — Ministre de la Justice

MARS 1793 — Création du tribunal révolutionnaire

Un partisan de la Terreur

Danton est un avocat de trente ans, en 1789, et il adhère à la Révolution. Il est alors président du district des Cordeliers à Paris. Il vote la mort du roi, puis organise le tribunal révolutionnaire qui condamne plusieurs milliers de personnes à la guillotine pendant la Terreur. Il est finalement guillotiné par les partisans de Robespierre, en avril 1794.

Les « indulgents » / les « enragés »

Danton fut, en 1793, favorable à la Terreur, c'est-à-dire à l'élimination des opposants à la Révolution. Cependant, dès 1794, il réclame la fin de cette politique et ses partisans, que l'on appelle les «indulgents» s'opposent alors aux «enragés», menés par Hebert. Robespierre ne lui pardonnera pas cette trahison et il sera guillotiné.

Le populaire Danton

Danton est populaire auprès des gens modestes qu'il défend. Au début de la Révolution, il réclame la liberté de presse et de réunion pour tous. Il sera ensuite ministre de la Justice, organisera la Terreur et ne pourra plus l'arrêter. En 1794, il refusera de s'exiler et sera arrêté par ses anciens amis.

Un homme petit, mais séduisant

Danton est né en Champagne, en 1759. Après des études à Troyes, il gagne Paris pour être avocat. On a dit de Danton qu'il était très laid. En fait, il était petit et trapu mais d'une grande force physique. Sur le visage, il gardait la marque d'un coup de pied de cheval qui lui avait cassé la mâchoire dans son enfance.

LE DÉFENSEUR DE LA PATRIE

En août 1792, les Prussiens menacent Paris. Danton encourage les Français à résister. En août 1793, il fait voter la levée en masse, c'est-à-dire l'enrôlement de 300 000 hommes pour repousser les armées étrangères présentes sur le sol français. La victoire française n'interviendra qu'en juin 1794, après la mort de Danton.

QUIZ

LES HÉROS
Comment meurt Danton, en avril 1794 ?
- fusillé
- guillotiné
- empoisonné

LES FAITS ET LES ÉVÉNEMENTS
Comment nomme-t-on les partisans de la Terreur ?
- les excités
- les désaxés
- les enragés

LES IDÉES, LES PHILOSOPHIES ET LES RELIGIONS
Quel poste important occupe Danton sous la Révolution ?
- ministre des Finances
- ministre des Armées
- ministre de la Justice

LA VIE QUOTIDIENNE
Comment Danton s'est-il fracturé la mâchoire dans son enfance ?
- en rentrant dans un mur
- en recevant un coup de pied de cheval
- en tombant dans l'escalier

LES GUERRES ET LES BATAILLES
Que décide Danton pour repousser les armées étrangères ?
- le service militaire
- la levée en masse
- l'augmentation des impôts

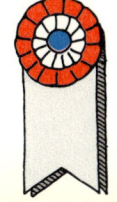

AVRIL 1793
Président du Comité de Salut public

JUIL. 1793
Danton éliminé du Comité de salut public

5 AVRIL 1794
Danton guillotiné

Robespierre mis à mort

Après avoir éliminé ses rivaux, Robespierre exerce sa dictature pendant trois mois avant d'être exécuté.

LES DATES

- 1758 — Naissance de Robespierre
- 1789 — Robespierre député aux états généraux
- 1793 — Robespierre membre du Comité de Salut public

L'HISTOIRE DE FRANCE

Une arrestation difficile
Le 27 juillet 1794, Robespierre et Saint-Just sont décrétés en état d'arrestation par la Convention, c'est-à-dire l'Assemblée. Délivrés par leurs partisans, ils sont conduits à l'Hôtel de Ville. Le lendemain, l'armée capture Robespierre qui est guillotiné le soir même.

La dictature de Robespierre
À partir d'avril 1794, Robespierre n'a plus d'opposition et, à la tête du Comité de Salut public, il instaure la «Grande Terreur». Ainsi le tribunal révolutionnaire peut juger sans témoin, les accusés sont privés de défenseurs et la sentence est souvent la peine de mort.

L'itinéraire d'un révolutionnaire
En 1789, Robespierre est député de l'Artois aux états généraux. En 1792, il vote la mort du roi. À partir de 1793, il est un des dirigeants du Comité de Salut public qui instaure la Terreur. Ses adversaires organisent contre lui un complot et le font guillotiner le 28 juillet 1794.

Les Montagnards divisés
Robespierre dirige les «Montagnards», députés qui siègent en haut des gradins de l'Assemblée. Ils sont divisés entre «Enragés», partisans de la guerre et de la Terreur, et «Indulgents», favorables à l'arrêt des exécutions massives. Ces groupes sont éliminés par Robespierre.

LE TYRAN DE NANTES
Après la mort de Robespierre, les partisans de la Terreur sont arrêtés, comme Carrier à Nantes. Depuis 1793, il organise des noyades collectives. Son grand jeu est le «mariage républicain» : un couple est attaché et jeté dans la Loire. On compte 10 000 victimes en 1794.

QUIZ

LES FAITS ET LES ÉVÉNEMENTS
Qu'elle est l'assemblée qui décide l'arrestation de Robespierre ?
- le Sénat
- la Convention
- le Conseil des sages

LES GUERRES ET LES BATAILLES
Quel est le nom de la politique de Robespierre ?
- la Belle époque
- l'Entente cordiale
- la Grande Terreur

LES HÉROS
Quel organisme dirige Robespierre en 1794 ?
- le Comité de Salut public
- le Comité des fêtes
- le Comité national

LES IDÉES, LES PHILOSOPHIES ET LES RELIGIONS
Pourquoi les «Montagnards» portent-ils ce nom ?
- ils viennent des Alpes
- ils sont assis en haut de l'Assemblée
- ils ont la tête dans les nuages

LA VIE QUOTIDIENNE
Comment Carrier exécute-t-il ses victimes ?
- par la guillotine
- par la noyade
- par le bûcher

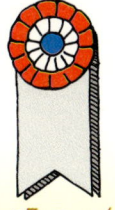

PRINTEMPS 1794 — Mort des «Enragés» et des «Indulgents»

27 JUIL. 1794 — Arrestation de Robespierre

28 JUIL. 1794 — Robespierre guillotiné

DE LA TERREUR À BONAPARTE

Hoche met fin au soulèvement des Vendéens

Ce brillant général refuse le poste de ministre de la Guerre que le pouvoir lui offre à 29 ans.

LES DATES

1768 — Naissance de Lazare Hoche

OCT. 1789 — Hoche participe à la marche sur Versailles

AVRIL 1792 — Début des guerres

L'HISTOIRE DE FRANCE

Une ascension fulgurante

Lazare Hoche commence sa carrière comme palefrenier puis simple soldat en 1789. Il participe à la guerre à partir d'avril 1792 et gagne rapidement des galons. Il est général en 1793 et se voit proposer le ministère de la Guerre en juillet 1797. Il refuse et meurt de tuberculose en septembre.

La Vendée catholique et royaliste

Hoche commande d'abord l'armée qui se bat en Allemagne puis est chargé de mater l'insurrection de la Vendée. Il réussit par une politique de tolérance à signer des accords. Mais en 1795, c'est encore lui qui repousse une tentative de débarquement des royalistes à Quiberon.

Des généraux de 20 ans

La Révolution, en éliminant les anciennes élites, et la guerre, qui nécessite de nouveaux chefs, ont assuré la promotion extrêmement rapide de jeunes officiers. Aux côtés de Hoche, on trouve par exemple Lannes, ouvrier teinturier, engagé en 1792 et général à 20 ans !

Les chouans

La chouannerie est un mouvement antirévolutionnaire, royaliste et catholique qui se développe essentiellement dans l'ouest de la France. Les Chouans refusent le pouvoir de Paris et la lutte contre le clergé. Si Hoche obtient des victoires, il faut attendre Napoléon Ier pour que le mouvement cesse.

UNE NOUVELLE ARMÉE

La Révolution a entraîné un renouvellement presque complet de l'armée. En 1791, 6 000 officiers démissionnent refusant la politique antiroyaliste. Finalement, en 1796, les troupes françaises ne comptent qu'à peine 3 % d'hommes issus de l'ancienne armée royale.

QUIZ

LES HÉROS
Quel est le grade de Hoche en 1789 ?
☐ simple soldat
☐ il n'est pas encore dans l'armée
☐ lieutenant

LES GUERRES ET LES BATAILLES
Que tentent les royalistes à Quiberon en 1795 ?
☐ un débarquement
☐ un enlèvement
☐ une offensive militaire

LA VIE QUOTIDIENNE
Quel métier exerçait Lannes avant de s'engager dans l'armée ?
☐ médecin
☐ cuisinier
☐ teinturier

LES FAITS ET LES ÉVÉNEMENTS
Qui met un terme définitif à la chouannerie ?
☐ Napoléon Ier
☐ Louis XVIII
☐ Napoléon III

LES IDÉES, LES PHILOSOPHIES ET LES RELIGIONS
Quelle conséquence a la Révolution sur l'armée ?
☐ il n'y en a plus
☐ elle est entièrement renouvelée
☐ elle ne veut plus se battre

1793 — Hoche général de division

JUIL. 1795 — Échec du débarquement à Quiberon

SEPT. 1797 — Mort de Hoche

Les sans-culottes victimes à leur tour

La chute de Robespierre le 27 juillet 1794 ouvre la voie aux vengeances et à de nouvelles tueries.

DE LA TERREUR À BONAPARTE

176

LES DATES

28 JUIL. 1794 — Exécution de Robespierre

MAI 1795 — Émeutes de la faim à Paris

MAI-JUIN 1795 — Terreur blanche

L'HISTOIRE DE FRANCE

La vengeance des contre-révolutionnaires
Dans les régions de Lyon et de Marseille, des représailles ont lieu contre les sans-culottes en 1795. Les adversaires de la Révolution exécutent les anciens partisans de la Terreur à présent emprisonnés. Il y a plus de 800 morts dans les Bouches-du-Rhône et on en compte 100 à Lyon.

Les émeutes de la faim
En 1795, la crise économique est terrible. Partout manquent le pain, la viande et le bois. Le 20 mai, des manifestants venus du faubourg Saint-Antoine prennent d'assaut l'Assemblée et assassinent le député Féraud. Finalement, le 23 mai, 20 000 soldats encerclent le faubourg et désarment les émeutiers.

La revanche des royalistes
De nombreux émigrés royalistes rentrent clandestinement à partir de 1795. Dans le sud de la France, ils organisent des bandes connues sous le nom de «Compagnie de Jéhu» ou «Compagnie du soleil». Ils se livrent à de nombreuses représailles sur les révolutionnaires.

L'offensive royaliste
Les royalistes cherchent à renverser la République. En juin 1795, ils organisent un débarquement à Quiberon qui échoue. Le 5 octobre 1795 (13 Vendémiaire), des insurgés royalistes cernent les Tuileries mais l'Assemblée envoie le jeune Bonaparte qui écrase l'insurrection avec ses canons.

LA FIN DE LA TERREUR
Robespierre avait mis en place la «Grande Terreur» à partir de juin 1794. Au lendemain de son exécution, le 28 juillet 1794, ce sont les républicains modérés qui dominent. Ils rétablissent la liberté et font exécuter certains responsables de la Terreur comme Fouquier-Tinville ou Carrier.

QUIZ

LES FAITS ET LES ÉVÉNEMENTS
Dans quelles régions se manifeste la Terreur blanche ?
- la région parisienne
- la Bretagne et la Vendée
- les régions de Lyon et Marseille

LA VIE QUOTIDIENNE
Que font les habitants venus du Faubourg Saint-Antoine en mai 1795 ?
- ils fêtent l'Ascension
- ils prennent d'assaut l'Assemblée
- ils célèbrent le carnaval

LES HÉROS
Quel nom prennent les bandes de royalistes ?
- la Compagnie du roi
- la Compagnie de Jéhu
- la Septième Compagnie

LES GUERRES ET LES BATAILLES
Qui écrase l'émeute royaliste d'octobre 1795 ?
- Hoche
- Carnot
- Bonaparte

LES IDÉES, LES PHILOSOPHIES ET LES RELIGIONS
Quel est le nom du régime qu'impose Robespierre en juin 1794 ?
- la Grande Illusion
- la Grande Terreur
- la Terreur Rouge

---

dans le sud-est | JUIN 1795 — Échec d'un débarquement royaliste à Quiberon | OCT. 1795 — Bonaparte écrase une émeute royaliste à Paris

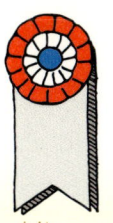

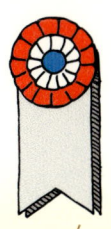

Surcouf, le corsaire terreur des Anglais

Marin breton devenu corsaire, Surcouf attaque et pille les navires anglais. En 1802, il revient en France, à la tête d'une immense fortune.

DE LA TERREUR À BONAPARTE

178

LES DATES

1773 — Naissance de Robert Surcouf à Saint-Malo

1793 — Surcouf est capitaine marchand

1795 — Surcouf part dans l'océan Indien où il devient corsaire

L'HISTOIRE DE FRANCE

Surcouf

Robert Surcouf est né à Saint-Malo en 1773. Mousse, c'est-à-dire jeune marin, puis capitaine d'un bateau qui fait la traite des Noirs, il choisit de devenir corsaire. Dans l'océan Indien, Surcouf attaque les navires de commerce anglais et s'empare de leurs cargaisons. En 1802, le corsaire, terreur des Anglais, rentre à Saint-Malo avec un fabuleux butin qui lui permet de devenir un riche armateur.

L'énorme butin de 1802

Les navires de commerce anglais quittent l'Inde chargés des richesses que produit cet immense pays. Pendant plusieurs années, Surcouf va écumer l'océan Indien à la poursuite des navires anglais qu'il attaque et pille systématiquement. Surcouf amasse un immense trésor, évalué à deux millions de francs.

La guerre de course contre les Anglais

Le bateau de Surcouf est léger et se déplace rapidement. Il rattrape facilement les navires anglais venant d'Inde et chargés de marchandises qui les ralentissent. Surcouf devient la bête noire des Anglais qui mettent sa tête à prix. Mais ils ne parviendront jamais à rattraper le brillant marin breton.

La traite des Noirs

Sur les côtes d'Afrique, Surcouf échange des bibelots, des tissus et des armes apportés d'Europe contre des esclaves noirs. Son bateau emmène ensuite ces esclaves dans les colonies américaines où ils sont vendus dans les plantations. Il achète enfin aux Américains du coton, du sucre, le café, etc. qu'il va revendre en France.

LE COMMERCE TRIANGULAIRE

Dans les colonies des grandes nations européennes, ce sont les esclaves qui travaillent dans les plantations où sont cultivés le coton, le café, le cacao et le thé. Les routes du rhum, du tabac et des épices passent toutes par l'Afrique, l'Amérique puis l'Europe.

QUIZ

LES HÉROS
Qu'est-ce qu'un mousse ?
- une arme de poing
- un jeune marin
- un petit bateau

LES FAITS ET LES ÉVÉNEMENTS
Quelle est la valeur du trésor amassé par Surcouf ?
- un million de francs
- deux millions de francs
- cent millions de francs

LES GUERRES ET LES BATAILLES
D'où viennent les navires anglais chargés de marchandises ?
- d'Inde
- du Japon
- d'Afrique

LA VIE QUOTIDIENNE
Où sont emmenés les esclaves noirs ?
- en Amérique
- en Europe
- en Afrique

LES SITES ET LES LIEUX
Où travaillent les esclaves achetés en Afrique ?
- dans les fabriques en Europe
- sur les navires de commerce
- dans les plantations

1802 — Surcouf rentre en France avec un énorme butin

1815 — Surcouf est un riche armateur

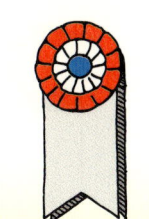

1827 — Mort de Surcouf

La révolte des sans-culottes

Dans un sursaut désespéré, des Parisiens affamés prennent d'assaut l'Assemblée mais n'obtiennent rien...

DE LA TERREUR À BONAPARTE

LES DATES

JUIL. 1794 — Chute de Robespierre

JUIL. 1794 / OCT. 1795 — La Convention

20 MAI 1795 — Insurrection des

L'HISTOIRE DE FRANCE

Une révolte pour rien
Le 20 mai 1795, des sans-culottes parisiens (les républicains les plus virulents sous la Révolution) prennent d'assaut l'assemblée, la Convention. Ils tuent un député, chassent les autres qui s'enfuient. Mais dans la nuit, ne pouvant rien faire de plus, les révoltés cessent le mouvement et se dispersent sans avoir rien obtenu des députés.

Paris meurt de faim
En 1795, les marchés sont vides. Tout manque : le charbon, le pain, le bois et la viande. Les prix ont été multipliés par 9 depuis 1790 et les Parisiens ne peuvent plus se nourrir. La ration de pain pour chaque habitant passe de 500 grammes en mars 1795 à 125 grammes au mois de mai. La famine menace la capitale.

Une tête sur une pique
Jean Féraud est député à l'assemblée et chargé de l'approvisionnement de Paris. Les émeutiers l'accusent d'incompétence et d'affamer la ville. Le 20 mai 1795, il s'oppose aux insurgés qui envahissent l'assemblée mais il est décapité et sa tête est promenée au bout d'une pique.

La répression
Quatre jours après l'assaut contre l'assemblée, 20 000 soldats entourent le faubourg Saint-Antoine à Paris. Plusieurs centaines d'insurgés sont arrêtés et toutes les armes confisquées. Les responsables sont jugés et exécutés sur-le-champ. C'est la défaite ultime des sans-culottes.

UN QUARTIER CHAUD
Le faubourg Saint-Antoine est situé au sud-est de Paris à côté de la prison de la Bastille. C'est un quartier peuplé d'artisans, notamment de menuisiers, qui sont très souvent des sans-culottes. Ce quartier prend le nom de faubourg-de-Gloire sous la Révolution.

QUIZ

LES FAITS ET LES ÉVÉNEMENTS
Quels résultats obtiennent les insurgés ?
- un salaire minimum
- la baisse du prix du pain
- aucun résultat

LA VIE QUOTIDIENNE
Quelle est la ration de pain d'un Parisien en mai 1795 ?
- 500 grammes
- 250 grammes
- 125 grammes

LES HÉROS
Comment meurt le député Féraud qui s'oppose aux insurgés ?
- égorgé
- décapité
- noyé

LES GUERRES ET LES BATAILLES
Combien de soldats entourent le faubourg Saint-Antoine ?
- 1000
- 20 000
- 50 000

LES SITES ET LES LIEUX
De quel quartier de Paris viennent la plupart des sans-culottes ?
- des Champs-Élysées
- du Faubourg Saint-Antoine
- du Quartier Latin

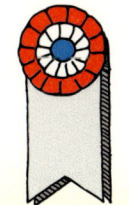

---

sans-culottes | 24 MAI 1795 Répression des émeutiers | OCT. 1795 Le Directoire

DE LA TERREUR À BONAPARTE

La mort mystérieuse de Louis XVII au Temple

La disparition du fils de Louis XVI ouvre la voie à la fois aux imposteurs et à Louis XVIII.

LES DATES

20 JUIN 1791 — Fuite du comte de Provence à l'étranger

21 JANV. 1793 — Exécution de Louis XVI

16 OCT. 1793 — Exécution de

L'HISTOIRE DE FRANCE

Le dauphin s'est éteint
Le 8 juin 1795, Louis XVII, fils de Louis XVI, meurt dans sa prison du Temple d'une tuberculose osseuse. Déjà chétif et en mauvaise santé, Il est emprisonné avec sa famille depuis le 12 août 1792. Dès la nouvelle de sa mort connue, le comte de Provence, frère de Louis XVI, se proclame Louis XVIII.

Le geôlier Antoine Simon
Pendant sa captivité, Louis XVII est gardé un temps par le cordonnier et sans-culotte Antoine Simon. Brutal et sans beaucoup d'égard pour le jeune prisonnier, il lui apprend les chants révolutionnaires pour amuser les autres gardes. Ardent défenseur de Robespierre, Simon est exécuté en même temps que d'autres partisans de Ropespierre, le 10 Thermidor.

Louis XVIII
Le 8 juin 1795, le comte de Provence se proclame Louis XVIII. Frère de Louis XVI, il émigre en 1791 et erre en Europe en tentant d'organiser des soulèvements royalistes : révoltes de la Vendée, débarquement à Quiberon. Ce sont des échecs. Il ne rentre en France qu'en 1814 avec les armées étrangères.

Les faux dauphins
La mort mystérieuse de Louis XVII a laissé la porte ouverte à de nombreux «faux» dauphins. Le plus connu est Nauendorff qui présente de grandes ressemblances physiques avec Louis XVII, en particulier les cheveux blonds et les yeux bleus. Mais pas loin d'une vingtaine de personnes ont tenté de se présenter comme le dauphin, en vain.

EFFACER LA RÉVOLUTION
La mort de Louis XVII est une catastrophe pour les monarchistes modérés qui souhaitent le rétablissement d'un roi tout en acceptant certaines réformes de la Révolution. Par contre, Louis XVIII les refuse toutes. Il souhaite punir les révolutionnaires et rétablir la monarchie absolue d'Ancien Régime.

QUIZ

LES FAITS ET LES ÉVÉNEMENTS
De quelle maladie est atteint Louis XVII ?
- le choléra
- la tuberculose
- la peste

LA VIE QUOTIDIENNE
Qui assure la garde de Louis XVII ?
- sa mère
- un sans-culotte
- la Garde Nationale

LES HÉROS
Quel lien de parenté existe entre Louis XVIII et Louis XVI ?
- c'est son fils cadet
- c'est son frère
- c'est le neveu de la tante de son cousin

LES GUERRES ET LES BATAILLES
Quelles ressemblances existent entre Nauendorff et Louis XVII ?
- ils ont les pieds plats
- ils ont les yeux bleus et les cheveux blonds
- ils sont myopes

LES IDÉES, LES PHILOSOPHIES ET LES RELIGIONS
Quel régime souhaite rétablir Louis XVIII ?
- la république
- la monarchie absolue d'Ancien Régime
- la monarchie constitutionnelle

Marie-Antoinette | 8 JUIN 1795 Mort de Louis XVII en prison | 1814 - 1824 Règne de Louis XVIII

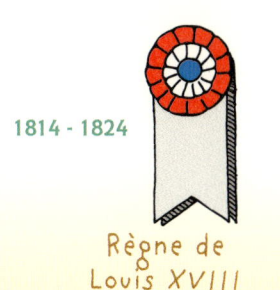

Échec des royalistes contre-révolutionnaires

Malgré les promesses d'indulgence, 748 royalistes sont fusillés après l'échec de leur débarquement.

LES DATES

- SEPT. 1792 — Début de la Terreur
- 27 JUIL. 1794 — Chute de Robespierre
- 27 JUIN 1795 — Échec royaliste

L'HISTOIRE DE FRANCE

L'échec de la contre-révolution
Le 27 juin 1795, 3 000 royalistes sont débarqués par des navires anglais dans la presqu'île de Quiberon, en Bretagne. Ils ne peuvent rejoindre les Chouans, royalistes de Vendée. Le 22 juillet, ils doivent capituler devant les troupes de Hoche qui les encerclent.

La Vendée contre la Révolution
La plus tragique révolte est celle de la Vendée. Entre 1793 et 1795, la population prend les armes. La répression est féroce et 150 000 Vendéens trouvent la mort. Même les femmes et les enfants sont tués par les soldats des «colonnes infernales» du général Turreau.

Hoche : des écuries à la gloire
Le vainqueur des royalistes est Lazare Hoche. Il a 27 ans, en 1795, et a le grade de général de division depuis deux ans. Pourtant, sa carrière commence comme palefrenier aux écuries du roi, puis simple soldat dans l'armée. Il meurt finalement à 29 ans de la tuberculose.

Le kidnapping raté du roi
La première tentative contre-révolutionnaire date de 1789 : c'est le complot de Favras. On l'accuse de vouloir assassiner La Fayette, de tenter d'enlever Louis XVI et sa famille et, enfin, de bloquer et affamer Paris. Il est finalement arrêté, puis pendu en février 1790.

LA POLITIQUE DE LA GUILLOTINE
À partir de 1793, les massacres de la Terreur se multiplient. Mais la plupart des opposants sont à l'étranger : 150 000 ont émigré au début de la Révolution. Les insurrections en Vendée, à Lyon, à Bordeaux puis celle des Chouans échouent car elles sont mal organisées.

QUIZ

LES FAITS ET LES ÉVÉNEMENTS
Quels noms portent les royalistes de Vendée ?
- les Chats-huants
- les Chouans
- les Cinglants

LES GUERRES ET LES BATAILLES
Quel surnom donne-t-on aux compagnies de soldats qui massacrent les Vendéens ?
- les «colonnes d'Attila»
- les «colonnes de feu»
- les «colonnes infernales»

LES HÉROS
Quel est le premier métier du général Hoche ?
- jockey du roi
- palefrenier du roi
- troubadour

LA VIE QUOTIDIENNE
Quel homme célèbre Favras est-il accusé de vouloir tuer ?
- Louis XVI
- La Fayette
- Robespierre

LES IDÉES, LES PHILOSOPHIES ET LES RELIGIONS
Quel régime meurtrier commence en 1793 ?
- la Belle époque
- le Directoire
- la Terreur

à Quiberon

5 OCT. 1795
Émeute royaliste à Paris

26 OCT. 1795
Début du Directoire

La dernière insurrection parisienne

Bonaparte écrase les royalistes et commence sa fulgurante ascension vers la gloire.

DE LA TERREUR À BONAPARTE

186

LES DATES

- 21 JANV. 1793 — Exécution de Louis XVI
- 27 JUIL. 1794 — Chute de Robespierre
- JUIL. 1795 — Échec d'un débarquement royaliste à Quiberon

L'HISTOIRE DE FRANCE

L'échec
Le 13 vendémiaire An IV, c'est-à-dire le 5 octobre 1795, les royalistes tentent de faire tomber le gouvernement du Directoire. Ils veulent encercler les Tuileries, à cet effet ils essayent de contrôler les deux quais de la Seine. Mais ils marchent en colonne serrée et offrent une cible idéale aux canons du jeune général de Bretagne Bonaparte et de Joachim Murat qui écrasent les assaillants.

Les taupes de Louis XVIII
À Paris, les royalistes mettent au point un service de renseignement : «la Manufacture». Ils publient un bulletin «le Ventriloque» et cherchent à exploiter la misère contre la Révolution. En fait, son efficacité est faible et son responsable, Le Maître, est arrêté et guillotiné en 1795.

Une ascension vertigineuse
Le grand vainqueur de l'insurrection du 13 Vendémiaire est Napoléon Bonaparte. Général de brigade avant l'insurrection, il est promu dix jours après sa victoire général de division, puis, le 26 octobre, général en chef de l'armée de l'Intérieur. Il n'a alors que 26 ans.

Des échecs royalistes à répétition
Les offensives royalistes se multiplient en 1795 sans résultat. Ainsi à Quiberon, en juillet, des insurgés venus d'Angleterre tentent de débarquer pour soutenir les révoltés royalistes de Vendée. Lazare Hoche, chargé par la Convention thermidorienne de la pacification des régions de l'ouest, fait échec à cette tentative et 800 hommes sont condamnés et exécutés.

LOUIS XVIII CONTRE LA RÉVOLUTION
Depuis l'annonce de la mort de Louis XVII, en juin 1795, dernier fils de Louis XVI, le chef de la maison des Bourbons est le comte de Provence, Louis XVIII, frère du roi guillotiné. Il est partisan de la violence dans la lutte contre la Révolution et d'un rétablissement complet de l'Ancien Régime.

QUIZ

LES FAITS ET LES ÉVÉNEMENTS
Quel est l'objectif des insurgés royalistes à Paris ?
- ☐ prendre d'assaut le Panthéon
- ☐ encercler les Tuileries
- ☐ contrôler la Seine

LA VIE QUOTIDIENNE
Quel est le nom du service d'espionnage royaliste à Paris ?
- ☐ «l'Usine»
- ☐ «la Manufacture»
- ☐ «Spectre»

LES HÉROS
À quel âge Bonaparte est-il général en chef ?
- ☐ 26 ans
- ☐ 28 ans
- ☐ 30 ans

LES GUERRES ET LES BATAILLES
Où les royalistes tentent-ils en vain un débarquement ?
- ☐ en Corse
- ☐ à Quiberon
- ☐ à Saint-Tropez

LES IDÉES, LES PHILOSOPHIES ET LES RELIGIONS
Que souhaite restaurer Louis XVIII, frère de Louis XVI ?
- ☐ l'Ancien Régime
- ☐ l'esclavage
- ☐ le palais de Versailles

---

5 OCT. 1795 — Insurrection parisienne

NOV. 1799 — Bonaparte prend le pouvoir

1815 — Louis XVIII roi de France

Bonaparte met fin au Directoire

Afin d'éviter la dérive vers une dictature personnelle, le Directoire divise les pouvoirs mais rend impuissant le gouvernement.

LES DATES

- 28 JUIL. 1794 — Exécution de Robespierre
- JUIL. 1794 – OCT. 1795 — Convention thermidorienne
- OCT. 1795 – NOV. 1799 — Directoire

DE LA TERREUR À BONAPARTE

L'HISTOIRE DE FRANCE

Un régime impuissant

D'octobre 1795 au 10 novembre 1799, la France est sous le régime du Directoire. Le pouvoir exécutif appartient à cinq directeurs élus par deux assemblées : le conseil des Anciens et le Conseil des Cinq-Cents. Ce système compliqué rend le régime impuissant et fragile.

La France ruinée

La situation économique est catastrophique en 1795. À cause de la guerre, les ponts et les routes ne sont plus entretenus, l'insécurité règne partout, la hausse des prix est vertigineuse. La faillite n'est évitée que grâce aux prélèvements imposés aux pays occupés.

Le défenseur du tiers état

L'un des directeurs les plus influents est l'abbé Sieyiès. Député du tiers état en 1789, il participe à la rédaction du serment du jeu de Paume. Il est ensuite président de l'Assemblée en 1795 puis membre du Conseil des Cinq-Cents et directeur en 1799. Il sera partisan du coup d'État de Bonaparte.

Le Directoire

Le Directoire apparaît au fil du temps comme de plus en plus impuissant à mener la guerre et comme un régime corrompu. Finalement, le 18 Brumaire An VIII (le 9 novembre 1799), Bonaparte avec l'aide de son frère Lucien, président des Cinq-Cents, organise un coup d'état qui lui permet de prendre le pouvoir, la période du Consulat commence.

LA PEUR DE LA DICTATURE

Ceux qui ont élaboré la Constitution de l'An III ont souhaité rompre avec le pouvoir personnel et la dictature de Robespierre sous la Terreur. C'est pourquoi les directeurs sont cinq, élus par 750 députés et chaque année l'un d'entre eux est renouvelé par tirage au sort.

QUIZ

LES FAITS ET LES ÉVÉNEMENTS
Qui dispose du pouvoir exécutif sous le Directoire ?
- cinq généraux
- cinq directeurs
- cinq managers

LA VIE QUOTIDIENNE
Grâce à quels revenus la France évite-t-elle la faillite ?
- les revenus de l'Église
- les prélèvements sur les pays occupés
- les fonds secrets du gouvernement

LES HÉROS
Que fera Sieyès lors du coup d'État de Bonaparte ?
- il s'exilera à l'étranger
- il soutiendra Bonaparte
- il ne sera même pas au courant

LES GUERRES ET LES BATAILLES
À quelle date correspond le 9 novembre 1799 dans le calendrier révolutionnaire ?
- le 18 Floréal an VII
- le 9 Thermidor An II
- le 18 Brumaire An VIII

LES IDÉES, LES PHILOSOPHIES ET LES RELIGIONS
Que veulent éviter les créateurs du Directoire ?
- le retour de la royauté
- le pouvoir personnel d'un homme
- la défaite militaire

1796 - 1797 — Campagne d'Italie

1798 — Campagne d'Égypte

9 NOV. 1799 — Coup d'État de Bonaparte

DE LA TERREUR À BONAPARTE

190

Bonaparte remporte des victoires décisives

La guerre contre l'Autriche doit se jouer en Allemagne.
À la surprise générale, Bonaparte la gagne en Italie.

LES DATES

- **1769** — Naissance de Napoléon Bonaparte
- **1796** — Bonaparte, général en chef des armées d'Italie
- **NOV. 1796** — Victoire d'Arcole

L'HISTOIRE DE FRANCE

Une succession de victoires

La campagne d'Italie dure douze mois, d'avril 1796 à avril 1797. L'armée française livre 18 batailles, 65 combats et bat successivement 5 armées autrichiennes. Les Français capturent plus de 100 000 ennemis et ramènent 620 canons en plus des objets d'art, et énormément d'argent.

Un jeune général de 27 ans

Bonaparte commence véritablement sa carrière à Toulon, en 1793, où il repousse les Anglais. Mais il est remarqué pour son efficacité en octobre 1795 lorsqu'il écrase une insurrection royaliste à Paris. En mars 1796, à 27 ans, il reçoit finalement le commandement des armées d'Italie.

Bonaparte maître de l'Italie

Bonaparte se comporte en Italie comme un véritable roi. Il lève des troupes, des impôts, fait des lois. Il déclare même la guerre à Venise sans consulter le gouvernement de Paris. Finalement, les Autrichiens acceptent ces modifications par le traité de Campo-Formio en octobre 1797.

Le puzzle italien

L'Italie est à l'époque constituée de nombreux petits états sous l'influence de l'Autriche. Il y a des républiques (Gênes), des duchés (Toscane), des royaumes (Naples), les états de l'église autour de Rome et beaucoup d'autres régions. Il faut attendre 1870 pour que l'état italien soit unifié.

LE PONT D'ARCOLE

L'une des victoires les plus connues est celle d'Arcole. Bonaparte et son armée font croire aux Autrichiens qu'ils reculent. En fait par un audacieux mouvement tournant, Bonaparte prend à revers les ennemis qui, après trois jours de combat, sont contraints à la retraite.

QUIZ

LES GUERRES ET LES BATAILLES
Combien d'ennemis capturent les armées de Bonaparte en Italie ?
- ■ 50 000
- ■ 100 000
- ■ 200 000

LES HÉROS
À quelle occasion Bonaparte se fait-il remarquer du gouvernement ?
- ■ il écrase une insurrection royaliste à Paris
- ■ il combat les royalistes en Vendée
- ■ il fait du tapage nocturne avec ses hommes

LES FAITS ET LES ÉVÉNEMENTS
Quelle est l'attitude de Bonaparte en Italie ?
- ■ il rend le pouvoir aux Italiens
- ■ il se comporte en véritable roi
- ■ il rentre en France et ne s'en occupe pas

LA VIE QUOTIDIENNE
Depuis quand l'Italie est-elle un pays unifié ?
- ■ 1770
- ■ 1870
- ■ 1970

LES SITES ET LES LIEUX
Comment Bonaparte remporte-t-il la victoire d'Arcole ?
- ■ il prend à revers ses ennemis
- ■ il attaque la nuit
- ■ il dispose de cinq fois plus d'hommes

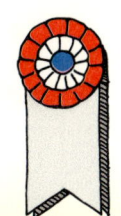

JANV. 1797 — Victoire de Rivoli

NOV. 1799 — Coup d'état de Bonaparte

MAI 1804 — Bonaparte, empereur

Babeuf : de la conspiration à la guillotine

Un complot mal organisé et sans grand danger pour le gouvernement s'achève tragiquement.

DE LA TERREUR À BONAPARTE

192

LES DATES

JUIL. 1794 — Chute de Robespierre

OCT. 1795 — Début du Directoire

PRINTEMPS 1796 — Victoire de Bonaparte en Italie

La propriété est un mal

En 1796, Gracchus Babeuf et une cinquantaine de personnes cherchent à prendre le pouvoir pour abolir la propriété privée. Ils préparent une insurrection dans l'armée. Mais le gouvernement a un espion dans le groupe. Babeuf est finalement arrêté puis guillotiné en mai 1797.

Un complot exploité

Cette conspiration est très mal préparée et ne présente pas de réel danger. D'ailleurs seuls deux conjurés sont exécutés sur cinquante arrêtés. C'est le gouvernement, afin d'accroître sa popularité, qui fait croire ensuite aux Français qu'ils ont échappé à un grand danger.

Un repris de justice

Babeuf a 37 ans en 1797. C'est un habitué des tribunaux car, en 1792, il a été condamné à vingt ans de fers. Grâce à ses amis il est libéré rapidement. Lors de son procès en 1797, il tente de se suicider en plein tribunal, mais échoue et meurt sur l'échafaud.

Une doctrine radicale

L'idée de Babeuf est de supprimer la propriété individuelle des terres et les taxes de l'état. Selon sa doctrine, les responsabilités doivent aller aux plus méritants. Au contraire, les plus riches doivent être dépouillés de leurs biens et éliminés.

UN RÉGIME FRAGILE

D'octobre 1795 à novembre 1799, le régime en France est celui du Directoire. Cinq directeurs élus par deux assemblées dirigent le pays. C'est le coup d'état de Bonaparte qui mettra un terme au Directoire le 18 Brumaire de l'An VIII, soit le 9 novembre 1799.

QUIZ

LES FAITS ET LES ÉVÉNEMENTS
Comment Babeuf veut-il prendre le pouvoir ?
- par les élections
- par une insurrection dans l'armée
- par un soulèvement populaire

LES GUERRES ET LES BATAILLES
Combien de comploteurs sont finalement exécutés ?
- 2
- 10
- 50

LES HÉROS
Que fait Babeuf lors de son procès ?
- il dort
- il tente d'acheter les juges
- il tente de se suicider

LES IDÉES, LES PHILOSOPHIES ET LES RELIGIONS
Que veut supprimer Babeuf ?
- les impôts
- la messe du dimanche
- la propriété privée de la terre

LA VIE QUOTIDIENNE
Quel est le nom du régime en France de 1795 à 1799 ?
- le Consulat
- le Directoire
- la Terreur

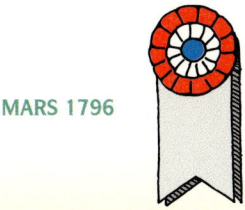

MARS 1796 — Conspiration des égaux

MAI 1797 — Exécution de Babeuf

NOV. 1799 — Coup d'état de Bonaparte

Bonaparte créé les Républiques sœurs

La volonté de propager l'idéal révolutionnaire se transforme en un pillage des pays conquis.

LES DATES

JUIN 1794 — Victoire de Fleurus

1796 - 1797 — Campagne d'Italie

OCT. 1797 — Traité de

L'HISTOIRE DE FRANCE

Les satellites de la France

Les Républiques sœurs sont créées entre 1795 et 1799 grâce aux victoires des armées révolutionnaires. Il y a la République batave (Hollande), la République helvétique (Suisse) et, en Italie, les Républiques cisalpine (Milan), romaine, ligurienne (Gênes) et Parthénopéenne (Naples).

Des États vassaux

Les Républiques sœurs sont mises à contribution par les Français. L'Italie cisalpine, c'est-à-dire la région de Milan, doit payer 18 millions de lires par an pour entretenir l'armée française. Pour commercer elle doit faire appel à des navires français uniquement. Rapidement la République est ruinée.

Le pape arrêté !

En 1797, le pape Pie VI est contraint par les Français à renoncer à la plus grande partie de ses possessions. Puis, après l'assassinat à Rome du général français Duphot, dans lequel le pape est accusé de complicité, il est arrêté en février 1798 puis transféré à Florence et finalement à Valence, en France, où il meurt en 1799.

La France conquérante

Après avoir été sous la menace d'une invasion, la France accumule les conquêtes à partir de Fleurus, en juin 1794. Jourdan conquiert la Belgique, puis l'ouest de l'Allemagne ; Pichegru, la Hollande alors que Bonaparte remporte victoire sur victoire en Italie où il écrase les Autrichiens.

UNE SOURCE DE REVENUS

La politique de conquête et de création des Républiques sœurs permet de propager les idées révolutionnaires en Europe mais aussi et surtout de trouver de nouvelles ressources pour la guerre. En fait, ces territoires seront largement pillés par les Français pour poursuivre le combat.

QUIZ

LES FAITS ET LES ÉVÉNEMENTS
Où trouve-t-on le plus grand nombre de «Républiques sœurs» ?
- en Espagne
- en Italie
- en Hollande

LA VIE QUOTIDIENNE
Combien de lires doit payer à la France la république Cisalpine ?
- 15 millions
- 18 millions
- 25 millions

LES HÉROS
Quelle personnalité célèbre est arrêtée par les Français en 1798 ?
- le roi d'Angleterre
- le tsar russe
- le pape Pie VI

LES GUERRES ET LES BATAILLES
Où Bonaparte remporte-t-il des victoires en 1796 ?
- en Russie
- en Italie
- en Norvège

LES IDÉES, LES PHILOSOPHIES ET LES RELIGIONS
Que veulent faire les Français en créant des Républiques sœurs ?
- créer un vaste empire
- propager les idées de la Révolution française
- créer des colonies de vacances pour les soldats

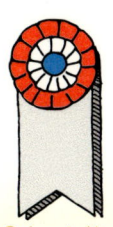

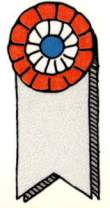

1798 — Création de la République romaine

9 NOV. 1799 — Coup d'État de Bonaparte

Campo-Formio

DE LA TERREUR À BONAPARTE

196

Jourdan impose le service militaire obligatoire

L'armée de citoyens volontaires rassemblés par la Révolution ne suffit plus aux ambitions de la France.

LES DATES

1795 — Régime du Directoire

1796 - 1797 — Victoires de Bonaparte en Italie

JUIL. 1798 — Bonaparte

L'HISTOIRE DE FRANCE

La Révolution refuse le service militaire

Le principe de la conscription, c'est-à-dire le service militaire obligatoire pour tous, est proposé dès le 12 septembre 1789. Mais l'assemblée le refuse alors. C'est donc Jean-Baptiste Jourdan qui fait adopter le service obligatoire, par le Directoire le 5 septembre 1798, pour tous les hommes de 20 à 25 ans.

Une armée de citoyens

En 1789, l'armée est constituée de volontaires enrôlés pour trois, quatre ou même huit ans. En juillet 1789, elle s'accroît de la Garde nationale. En 1792, l'assemblée déclare «la patrie en danger» et de nombreux volontaires sont intégrés, de même qu'en 1793. Mais il n'existe toujours pas de service militaire obligatoire.

Un militaire de carrière

Jean-Baptiste Jourdan a 16 ans lorsqu'il part en Amérique combattre dans la guerre d'Indépendance. À la tête des armées du Nord, il se distingue lors de la bataille de Wattignies. Puis la Révolution en fait un général victorieux à Jemmapes, et surtout à Fleurus en juin 1794. En 1799, il tente de s'opposer au coup d'État de Bonaparte mais finalement l'accepte et devient maréchal.

L'appel du sabre

Avec le général Bonaparte, l'armée joue un rôle de plus en plus important. Il contraint en 1795 la Prusse, l'Espagne et la Hollande à signer la paix et bouscule les Autrichiens en Italie du nord. Ces expéditions militaires, notamment en Italie et en Égypte, exigent de plus en plus d'hommes dans l'armée.

LE DIRECTOIRE

Depuis septembre 1795, la France vit sous le régime du Directoire. Il existe deux assemblées, le Conseil des Cinq-Cents et le Conseil des Anciens qui décident des lois. Le gouvernement est entre les mains de cinq directeurs élus pour cinq ans par les Anciens. C'est un régime compliqué et fragile.

QUIZ

LES FAITS ET LES ÉVÉNEMENTS
Quel autre nom désigne le service militaire obligatoire ?
- la souscription
- la conscription
- la contrition

LA VIE QUOTIDIENNE
Qui sont les soldats de l'armée pendant la Révolution ?
- des prisonniers
- des esclaves
- des volontaires

LES HÉROS
Dans quel lointain pays Jourdan commence-t-il sa carrière militaire ?
- en Égypte
- en Chine
- en Amérique

LES GUERRES ET LES BATAILLES
Quel général bat les Prussiens, les Autrichiens et les Hollandais ?
- Murat
- Bonaparte
- Ney

LES IDÉES, LES PHILOSOPHIES ET LES RELIGIONS
Qui est à la tête du nouveau régime appelé le Directoire ?
- le P.D.G.
- cinq directeurs
- le rédacteur en chef

---

en Égypte | SEPT. 1798 — Service militaire obligatoire | 9 NOV. 1799 — Coup d'État de Bonaparte

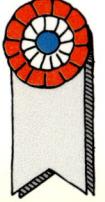

Bonaparte au pied des pyramides d'Égypte

L'armée française qui a conquis l'Égypte ne peut rentrer en France car sa flotte est détruite par les Anglais.

DE LA TERREUR À BONAPARTE

LES DATES

1769 — Naissance de Napoléon

1795 — Bonaparte général en chef

1796-1797 — Campagne d'Italie

L'HISTOIRE DE FRANCE

La bataille des Pyramides
Bonaparte quitte Toulon avec 350 navires et 38 000 hommes, au mois de mai 1798. Après avoir échappé, en Méditerranée, à la marine anglaise de Nelson, la troupe atteint Alexandrie, en égypte, en juillet. L'armée française écrase alors les Mamelouks devant les pyramides.

Un ambitieux général de 29 ans
Bonaparte est né en Corse, en 1769. Il est général en chef à 26 ans grâce à la Révolution. En 1796, il remporte de grandes victoires lors de la campagne d'Italie avant de se lancer en égypte. Il prend le pouvoir en 1799 par un coup d'état et devient empereur en 1804.

La guerre contre l'Angleterre
La France et l'Angleterre sont en guerre et Bonaparte pense d'abord à un débarquement, qui s'avère impossible. L'idée des Français est de s'emparer de l'égypte, qui est sur la route des Indes que contrôlent les Anglais, et d'affaiblir leur commerce avec cette contrée.

Une expédition scientifique
Avec la troupe de Bonaparte, 180 savants arrivent en égypte dont 21 mathématiciens et 23 géographes. C'est le début du grand intérêt des Français pour l'égypte des pharaons, marqué en 1822 par le déchiffrage des hiéroglyphes - l'écriture égyptienne - par Champollion.

UNE EXPÉDITION QUI SE FINIT MAL
Prisonnière en Égypte après la destruction de sa flotte par les Anglais à Aboukir, l'armée française tente de remonter vers Constantinople, en Turquie. Mais c'est un échec, et finalement elle capitule en 1801. Cependant Napoléon était revenu en France discrètement dès 1799.

QUIZ

LES GUERRES ET LES BATAILLES
À quel danger échappe la flotte française en Méditerranée ?
- aux nombreuses tempêtes
- aux pirates
- à la flotte anglaise

LES HÉROS
Où Bonaparte remporte-t-il des victoires avant l'égypte ?
- en Autriche
- en Italie
- en Angleterre

LES FAITS ET LES ÉVÉNEMENTS
À quelle action pense Bonaparte pour vaincre l'Angleterre ?
- à un débarquement
- à un blocus pour affamer l'île
- à une alliance avec la Russie

LES IDÉES, LES PHILOSOPHIES ET LES RELIGIONS
Quel est le nom de l'écriture égyptienne ?
- les tags
- les hiéroglyphes
- les idéogrammes

LA VIE QUOTIDIENNE
Pourquoi les Français sont-ils prisonniers en Égypte ?
- les Mamelouks les ont vaincus
- les Anglais ont coulé la flotte française
- les Turcs les ont enfermés,

1798 — Campagne d'égypte
NOV. 1799 — Bonaparte prend le pouvoir
1804 — Napoléon, empereur

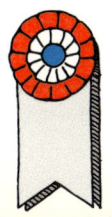

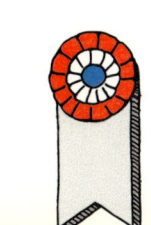

L'échec de Bonaparte à Saint-Jean-d'Acre

La campagne de Syrie est meurtrière pour les soldats de Bonaparte qui meurent de la peste et de la chaleur du désert.

DE LA TERREUR À BONAPARTE

LES DATES

19 MARS 1799 — Début du siège de Saint-Jean-d'Acre

17 MAI 1799 — Retraite des Français

25 JUIL. 1799 — Victoire française

L'HISTOIRE DE FRANCE

La déconvenue de Bonaparte

Le 19 mars 1799, Bonaparte avec une armée de 14 000 hommes mettent le siège devant la ville de Saint-Jean-d'Acre en Syrie. La défense de la ville est acharnée et malgré trois tentatives d'assaut, les troupes françaises renoncent. Le 17 mai, les 10 000 survivants français se résignent à la retraite.

La peste

Le retour des hommes de Bonaparte en Égypte est terrible. La chaleur du désert est accablante et meurtrière mais surtout, la peste se déclare chez les Français. À Jaffa, pour éviter la contamination de toute son armée, Bonaparte décide de faire empoisonner ses soldats pestiférés.

Teinturier puis maréchal

Lorsque le 22 août 1799 Bonaparte rentre en France, il est accompagné notamment par le général Lannes. Ce dernier, apprenti teinturier avant la Révolution, entre dans l'armée où il montre une grande bravoure. Il est d'ailleurs blessé à la tête à Saint-Jean-d'Acre. Bonaparte en fera un maréchal en 1804.

La revanche d'Aboukir

Les Anglais et les Turcs souhaitent reconquérir l'Égypte aux mains de Bonaparte. Le 11 juillet 1799, les 18 000 hommes de Mustapha Pacha débarquent à Aboukir et tentent de prendre Alexandrie. Le 25 juillet, les troupes de Bonaparte écrasent finalement les janissaires turcs qui perdent la moitié de leur effectif.

TOUJOURS L'ENNEMI ANGLAIS

L'objectif de Bonaparte en Syrie est d'éloigner ses ennemis de l'Égypte et en particulier d'éviter la formation d'une armée turque capable, avec l'aide anglaise, de reconquérir le pays des pharaons. Mais Bonaparte veut aussi affaiblir l'Angleterre et lui couper la route des Indes.

QUIZ

LES FAITS ET LES ÉVÉNEMENTS
Où est située Saint-Jean-d'Acre ?
- en Égypte
- en Syrie
- en Arabie

LA VIE QUOTIDIENNE
Que fait Bonaparte des soldats pestiférés ?
- il les fait empoisonner
- il les fait soigner
- il les abandonne derrière lui

LES HÉROS
Quel métier exerce Lannes avant la Révolution ?
- boulanger
- apprenti teinturier
- représentant de commerce

LES GUERRES ET LES BATAILLES
Quel est le nom des soldats turcs ?
- les mameloucks
- les janissaires
- les oplites

LES IDÉES, LES PHILOSOPHIES ET LES RELIGIONS
Pourquoi Bonaparte veut-il conquérir la Syrie ?
- pour la donner à sa sœur
- pour couper la route des Indes aux Anglais
- parce qu'il trouve le pays très beau

d'Aboukir | 22 AOÛT 1799 Retour de Bonaparte en France | 9 NOV. 1799 Coup d'État de Bonaparte

Réponses au Quiz

P 10-11
- LA VIE QUOTIDIENNE : les remontrances
- LES FAITS ET LES ÉVÉNEMENTS : ils sont exilés
- LES HÉROS : Mounier
- LES GUERRES ET LES BATAILLES : le roi doit convoquer les états généraux
- LES SITES ET LES LIEUX : la "Grande Peur"

P12-13
- LES FAITS ET LES ÉVÉNEMENTS : l'abolition des droits féodaux
- LA VIE QUOTIDIENNE : il ne paye pas d'impôt direct
- LES GUERRES ET LES BATAILLES : des émeutes de la faim
- LES IDÉES, LES PHILOSOPHIES ET LES RELIGIONS : la taxation des terres
- LES SITES ET LES LIEUX : les bailliages et sénéchaussées

P14-15
- LES FAITS ET LES ÉVÉNEMENTS : le comité des électeurs
- LA VIE QUOTIDIENNE : le maintien de l'ordre
- LES HÉROS : aux États-Unis
- LES GUERRES ET LES BATAILLES : il fait tirer sur la foule
- LES IDÉES, LES PHILOSOPHIES ET LES RELIGIONS : la monarchie absolue

P16-17
- LES HÉROS : l'abolition des droits féodaux
- LES GUERRES ET LES BATAILLES : il s'incline
- LES FAITS ET LES ÉVÉNEMENTS : au Panthéon
- LA VIE QUOTIDIENNE : il finit par déserter
- LES IDÉES, LES PHILOSOPHIES ET LES RELIGIONS : la monarchie constitutionnelle

P18-19
- LES FAITS ET LES ÉVÉNEMENTS : les serfs
- LA VIE QUOTIDIENNE : la fortune
- LES HÉROS : combattre
- LES GUERRES ET LES BATAILLES : l'abolition des privilèges
- LES IDÉES, LES PHILOSOPHIES ET LES RELIGIONS : l'égalité de tous devant la loi

P20-21
- LES FAITS ET LES ÉVÉNEMENTS : le tiers état
- LA VIE QUOTIDIENNE : 27 millions
- LES HÉROS : La Fayette
- LES IDÉES, LES PHILOSOPHIES ET LES RELIGIONS : des cahiers de doléances
- LE CONTEXTE : le pain

P22-23
- LES FAITS ET LES ÉVÉNEMENTS : 28 millions
- LES HÉROS : "Qu'est-ce que le tiers état ?"
- LA VIE QUOTIDIENNE : ceux qui ne sont ni nobles ni ecclésiastiques
- LES GUERRES ET LES BATAILLES : dans la salle du jeu du paume
- LES IDÉES, LES PHILOSOPHIES ET LES RELIGIONS : Montesquieu

P24-25
- LES FAITS ET LES ÉVÉNEMENTS : une nouvelle Constitution
- LES HÉROS : astronome
- LA VIE QUOTIDIENNE : "la nation rassemblée n'a pas d'ordres à recevoir"
- LES IDÉES, LES PHILOSOPHIES ET LES RELIGIONS : une Assemblée constituante
- LES SITES ET LES LIEUX : la noblesse

P26-27
- LES FAITS ET LES ÉVÉNEMENTS : président de l'Assemblée nationale
- LA VIE QUOTIDIENNE : le jeu de paume
- LES HÉROS : conservateur des tableaux du roi
- LES GUERRES ET LES BATAILLES : la fusillade du Champ-de-Mars
- LES IDÉES, LES PHILOSOPHIES ET LES RELIGIONS : trahison

P28-29
- LES FAITS ET LES ÉVÉNEMENTS : à Versailles
- LA VIE QUOTIDIENNE : pour se défendre
- LES GUERRES ET LES BATAILLES : de la poudre
- LES ARTS ET LES MONUMENTS : une prison
- LES IDÉES, LES PHILOSOPHIES ET LES RELIGIONS : parce que c'est une fête nationale

P30-31
- LES FAITS ET LES ÉVÉNEMENTS : les terriers
- LES SITES ET LES LIEUX : la Grande Peur
- LA VIE QUOTIDIENNE : il y a davantage de mendiants et de vagabonds
- LES IDÉES, LES PHILOSOPHIES ET LES RELIGIONS : la nuit du 4 août 1789
- LES HÉROS : le champart

P32-33
- LES FAITS ET LES ÉVÉNEMENTS : la corvée
- LES HÉROS : la Guerre d'indépendance des États-Unis
- LES GUERRES ET LES BATAILLES : la Grande Peur
- LA VIE QUOTIDIENNE : la seigneurerie
- LES IDÉES, LES PHILOSOPHIES ET LES RELIGIONS : celle des droits de l'homme et du citoyen

P34-35
- LES HÉROS : les députés
- LES FAITS ET LES ÉVÉNEMENTS : à défendre les droits de chaque individu
- LES IDÉES, LES PHILOSOPHIES ET LES RELIGIONS : les nobles et les prêtres
- LA VIE QUOTIDIENNE : les esclaves et les femmes
- LES SITES ET LES LIEUX : tous les hommes

P36-37
- LES FAITS ET LES ÉVÉNEMENTS : aux privilèges
- LA VIE QUOTIDIENNE : le pain
- LES HÉROS : commandant en chef de la Garde nationale
- LES GUERRES ET LES BATAILLES : leurs têtes sont portées sur des pics
- LES IDÉES, LES PHILOSOPHIES ET LES RELIGIONS : les sans-culottes

P38-39
- LES FAITS ET LES ÉVÉNEMENTS : parce que l'État n'a plus d'argent
- LES HÉROS : ministre des Affaires étrangères
- LES IDÉES, LES PHILOSOPHIES ET LES RELIGIONS : les citoyens
- LA VIE QUOTIDIENNE : la dîme
- LES GUERRES ET LES BATAILLES : de persécutions

P40-41
- LES FAITS ET LES ÉVÉNEMENTS : les biens du clergé
- LA VIE QUOTIDIENNE : la dîme
- LES HÉROS : ministre des Affaires étrangères
- LES GUERRES ET LES BATAILLES : les guerres
- LES IDÉES, LES PHILOSOPHIES ET LES RELIGIONS : la livre

P42-43
- LES FAITS ET LES ÉVÉNEMENTS : le père du peuple
- LA VIE QUOTIDIENNE : de chercher à remplacer Louis XVI
- LES HÉROS : il joue aux courses
- LES GUERRES ET LES BATAILLES : guillotiné sur l'échafaud
- LES IDÉES, LES PHILOSOPHIES ET LES RELIGIONS : le "jardin de la Révolution"

P44-45
- LES FAITS ET LES ÉVÉNEMENTS : de Bretagne
- LA VIE QUOTIDIENNE : 1 000
- LES HÉROS : Robespierre
- LES GUERRES ET LES BATAILLES : Danton et les Indulgents
- LES IDÉES, LES PHILOSOPHIES ET LES RELIGIONS : il est responsable de la Terreur

P46-47
- LES FAITS ET LES ÉVÉNEMENTS : Marie-Joseph de Chénier
- LA VIE QUOTIDIENNE : les lectures patriotiques
- LES HÉROS : il est guillotiné, l'autre pas
- LES IDÉES, LES PHILOSOPHIES ET LES RELIGIONS : "il pleut bergère"
- LES ARTS ET LES MONUMENTS : le calendrier révolutionnaire

P48-49
- LES FAITS ET LES ÉVÉNEMENTS : le "Serment du Jeu de Paume"
- LA VIE QUOTIDIENNE : le Comité de Salut public
- LES HÉROS : l'Académie royale de peinture
- LES GUERRES ET LES BATAILLES : il accuse Robespierre de l'avoir trompé

L'HISTOIRE DE FRANCE

- **LES ARTS ET LES MONUMENTS :**
  le "Sacre de Napoléon Ier"

P50-51
- **LES FAITS ET LES ÉVÉNEMENTS :**
  la garde nationale
- **LA VIE QUOTIDIENNE :**
  des sections
- **LES HÉROS :**
  l'astronomie
- **LES GUERRES ET LES BATAILLES :**
  les sans-culottes
- **LES IDÉES, LES PHILOSOPHIES ET LES RELIGIONS :**
  12 arrondissements sont créés

P52-53
- **LES FAITS ET LES ÉVÉNEMENTS :**
  il ne se prononce pas
- **LA VIE QUOTIDIENNE :**
  les députés du tiers état
- **LES HÉROS :**
  il est exclu du clergé
- **LES GUERRES ET LES BATAILLES :**
  la destruction des biens de l'Église
- **LES IDÉES, LES PHILOSOPHIES ET LES RELIGIONS :**
  la Société des Amis des Noirs

P54-55
- **LES FAITS ET LES ÉVÉNEMENTS :**
  le roi
- **LA VIE QUOTIDIENNE :**
  le quotidien
- **LES HÉROS :**
  "le Père Duchesne"
- **LES GUERRES ET LES BATAILLES :**
  les journaux royalistes
- **LES IDÉES, LES PHILOSOPHIES ET LES RELIGIONS :**
  5 000

P56-57
- **LES FAITS ET LES ÉVÉNEMENTS :**
  par des numéros
- **LES GUERRES ET LES BATAILLES :**
  18 lieues de côté
- **LES IDÉES, LES PHILOSOPHIES ET LES RELIGIONS :**
  il est très compliqué
- **LA VIE QUOTIDIENNE :**
  Aix-en-Provence
- **LES SITES ET LES LIEUX :**
  l'Alsace et la Lorraine

P58-59
- **LES FAITS ET LES ÉVÉNEMENTS :**
  La Fayette et Bailly
- **LA VIE QUOTIDIENNE :**
  ils émigrent à l'étranger
- **LES HÉROS :**
  il est trop bavard et trop naïf
- **LES IDÉES, LES PHILOSOPHIES ET LES RELIGIONS :**
  le Comte de Provence, frère de Louis XVI
- **LES SITES ET LES LIEUX :**
  devant l'Hôtel de Ville

P60-61
- **LES FAITS ET LES ÉVÉNEMENTS :**
  c'est le nom du couvent où il s'installe
- **LES HÉROS :**
  les "Indulgents"
- **LES GUERRES ET LES BATAILLES :**
  conspiration
- **LES IDÉES, LES PHILOSOPHIES ET LES RELIGIONS :**
  elle est trop modérée
- **LES ARTS ET LES MONUMENTS :**
  les couvents

P62-63
- **LES FAITS ET LES ÉVÉNEMENTS :**
  de faire respecter la Constitution
- **LES HÉROS :**
  la garde nationale
- **LES GUERRES ET LES BATAILLES :**
  ils brûlent les châteaux de nobles
- **LA VIE QUOTIDIENNE :**
  à cause de la fuite du roi
- **LES SITES ET LES LIEUX :**
  les soldats avant le combat

P64-65
- **LES FAITS ET LES ÉVÉNEMENTS :**
  sur une cravate
- **LA VIE QUOTIDIENNE :**
  sur les cocardes
- **LES HÉROS :**
  La Fayette
- **LES GUERRES ET LES BATAILLES :**
  ils ramènent le roi de Versailles à Paris
- **LES IDÉES, LES PHILOSOPHIES ET LES RELIGIONS :**
  en septembre 1792

P66-67
- **LES FAITS ET LES ÉVÉNEMENTS :**
  les députés des états généraux

- **LA VIE QUOTIDIENNE :**
  la République
- **LES GUERRES ET LES BATAILLES :**
  les Feuillants
- **LES IDÉES, LES PHILOSOPHIES ET LES RELIGIONS :**
  les émeutes populaires contre le roi
- **LES SITES ET LES LIEUX :**
  les couvents sont interdits aux religieux

P68-69
- **LES FAITS ET LES ÉVÉNEMENTS :**
  48
- **LA VIE QUOTIDIENNE :**
  les sans-culottes
- **LES HÉROS :**
  brasseur
- **LES GUERRES ET LES BATAILLES :**
  prendre d'assaut les Tuileries
- **LES SITES ET LES LIEUX :**
  le faubourg de Gloire

P70-71
- **LES FAITS ET LES ÉVÉNEMENTS :**
  la mort du roi
- **LA VIE QUOTIDIENNE :**
  le club des Jacobins
- **LES HÉROS :**
  Robespierre
- **LES GUERRES ET LES BATAILLES :**
  il les fait mitrailler aux canons
- **LES IDÉES, LES PHILOSOPHIES ET LES RELIGIONS :**
  de se marier dans un délai d'un mois

P72-73
- **LES FAITS ET LES ÉVÉNEMENTS :**
  ministre des Affaires étrangères
- **LA VIE QUOTIDIENNE :**
  il propose la nationalisation des biens du clergé
- **LES HÉROS :**
  d'un accident de jeunesse
- **LES GUERRES ET LES BATAILLES :**
  à Louis XVI
- **LES IDÉES, LES PHILOSOPHIES ET LES RELIGIONS :**
  l'excommunication

P74-75
- **LES FAITS ET LES ÉVÉNEMENTS :**
  roi des Français
- **LA VIE QUOTIDIENNE :**
  les hommes qui payent 51 jours de travail en impôt
- **LES HÉROS :**
  les Jacobins
- **LES GUERRES ET LES BATAILLES :**
  30
- **LES IDÉES, LES PHILOSOPHIES ET LES RELIGIONS :**
  la monarchie absolue

P76-77
- **LES FAITS ET LES ÉVÉNEMENTS :**
  ils craignent un attentat contre le roi
- **LA VIE QUOTIDIENNE :**
  Marie-Antoinette
- **LES HÉROS :**
  une intervention étrangère
- **LES GUERRES ET LES BATAILLES :**
  des nobles catholiques contre-révolutionnaires
- **LES SITES ET LES LIEUX :**
  les Tuileries

P78-79
- **LES FAITS ET LES ÉVÉNEMENTS :**
  la grève
- **LA VIE QUOTIDIENNE :**
  elles ont le monopole du travail
- **LES HÉROS :**
  il est soupçonné d'être un agent de l'Angleterre
- **LES IDÉES, LES PHILOSOPHIES ET LES RELIGIONS :**
  le libéralisme
- **LES SITES ET LES LIEUX :**
  sur les Champs-Élysées

P80-81
- **LES FAITS ET LES ÉVÉNEMENTS :**
  Varennes
- **LES HÉROS :**
  à l'étranger
- **LA VIE QUOTIDIENNE :**
  les députés
- **LES IDÉES, LES PHILOSOPHIES ET LES RELIGIONS :**
  une monarchie constitutionnelle
- **LES SITES ET LES LIEUX :**
  la mort

P82-83
- **LES FAITS ET LES ÉVÉNEMENTS :**
  la déchéance de Louis XVI
- **LA VIE QUOTIDIENNE :**
  le Club des Cordeliers
- **LES HÉROS :**
  la guerre d'Indépendance des États-Unis

- **LES GUERRES ET LES BATAILLES :**
  Bailly, maire de Paris
- **LES IDÉES, LES PHILOSOPHIES ET LES RELIGIONS :**
  les républicains

P84-85
- **LES FAITS ET LES ÉVÉNEMENTS :**
  la communauté hispano-portugaise
- **LA VIE QUOTIDIENNE :**
  le yiddish
- **LES HÉROS :**
  l'abbé Grégoire
- **LES GUERRES ET LES BATAILLES :**
  la Terreur
- **LES SITES ET LES LIEUX :**
  à Bordeaux et Bayonne

P86-87
- **LES FAITS ET LES ÉVÉNEMENTS :**
  avocats et journalistes
- **LA VIE QUOTIDIENNE :**
  ils ne votent pas la mort du roi
- **LES HÉROS :**
  un aventurier
- **LES GUERRES ET LES BATAILLES :**
  Dumouriez
- **LES IDÉES, LES PHILOSOPHIES ET LES RELIGIONS :**
  ils sont guillotinés

P88-89
- **LES FAITS ET LES ÉVÉNEMENTS :**
  depuis Charles V, au XIVe siècle
- **LA VIE QUOTIDIENNE :**
  le bonneteau
- **LES GUERRES ET LES BATAILLES :**
  les rois et les reines
- **LES IDÉES, LES PHILOSOPHIES ET LES RELIGIONS :**
  pour fournir de l'argent à l'État
- **LES SITES ET LES LIEUX :**
  au Palais Royal

P90-91
- **LES FAITS ET LES ÉVÉNEMENTS :**
  les fédéralistes
- **LES HÉROS :**
  il est indifférent
- **LES GUERRES ET LES BATAILLES :**
  depuis avril 1792
- **LES IDÉES, LES PHILOSOPHIES ET LES RELIGIONS :**
  la dictature des Montagnards depuis Paris
- **LES SITES ET LES LIEUX :**
  Port-la-Montagne

P92-93
- **LES HÉROS :**
  la Marseillaise
- **LES GUERRES ET LES BATAILLES :**
  l'armée autrichienne
- **LA VIE QUOTIDIENNE :**
  Marseille
- **LES GUERRES ET LES BATAILLES :**
  c'est la chute de la royauté
- **LES IDÉES, LES PHILOSOPHIES ET LES RELIGIONS :**
  la IIIe République

P94-95
- **LES FAITS ET LES ÉVÉNEMENTS :**
  Saint-Domingue
- **LES HÉROS :**
  surveillant de plantation
- **LA VIE QUOTIDIENNE :**
  de la canne à sucre, du café et du coton
- **LES GUERRES ET LES BATAILLES :**
  l'Espagne et l'Angleterre
- **LES SITES ET LES LIEUX :**
  il est de dimensions modestes

P98-99
- **LES IDÉES, LES PHILOSOPHIES ET LES RELIGIONS :**
  les nobles
- **LES HÉROS :**
  dans la salle du Jeu de paume
- **LES FAITS ET LES ÉVÉNEMENTS :**
  la "Louison"
- **LES SITES ET LES LIEUX :**
  place de la Révolution (la Concorde)
- **LA VIE QUOTIDIENNE :**
  plus de 30

P100-101
- **LES FAITS ET LES ÉVÉNEMENTS :**
  la proclamation de la République
- **LES HÉROS :**
  le poète Fabre d'Églantine
- **LES IDÉES, LES PHILOSOPHIES ET LES RELIGIONS :**
  le jour de l'équinoxe d'automne
- **LA VIE QUOTIDIENNE :**
  ce fut un échec
- **LES ARTS ET LES MONUMENTS :**
  Napoléon Ier

RÉPONSES AU QUIZ

P102-103
- LES FAITS ET LES ÉVÉNEMENTS : 25 ans
- LA VIE QUOTIDIENNE : il est guillotiné
- LES HÉROS : il a volé des biens précieux à sa mère
- LES GUERRES ET LES BATAILLES : Fleurus
- LES IDÉES, LES PHILOSOPHIES ET LES RELIGIONS : le procès de Louis XVI

P104-105
- LES HÉROS : des révolutionnaires parisiens
- LES FAITS ET LES ÉVÉNEMENTS : les Montagnards
- LES GUERRES ET LES BATAILLES : parce qu'ils sont trop modérés
- LA VIE QUOTIDIENNE : rouge
- LES SITES ET LES LIEUX : la Carmognole

P106-107
- LES FAITS ET LES ÉVÉNEMENTS : Louis XVI
- LA VIE QUOTIDIENNE : renforcer le pouvoir de Louis XVI
- LES HÉROS : Robespierre
- LES GUERRES ET LES BATAILLES : Valmy
- LES IDÉES, LES PHILOSOPHIES ET LES RELIGIONS : pour restaurer son pouvoir

P108-109
- LES FAITS ET LES ÉVÉNEMENTS : la Prusse et l'Autriche
- LA VIE QUOTIDIENNE : les célibataires et les veufs de 18 à 25 ans
- LES HÉROS : le chef des armées prusiennes
- LES GUERRES ET LES BATAILLES : Valmy
- LES IDÉES, LES PHILOSOPHIES ET LES RELIGIONS : que la Révolution se propage chez elles

P110-111
- LES FAITS ET LES ÉVÉNEMENTS : les sans-culottes
- LA VIE QUOTIDIENNE : le chef des armées prusiennes
- LES HÉROS : un roulement de tambour
- LES GUERRES ET LES BATAILLES : Valmy
- LES IDÉES, LES PHILOSOPHIES ET LES RELIGIONS : la Convention

P112-113
- LES HÉROS : "L'Ami du peuple"
- LES FAITS ET LES ÉVÉNEMENTS : les sans-culottes
- LES GUERRES ET LES BATAILLES : la Prusse et l'Autriche
- LA VIE QUOTIDIENNE : décapitée
- LES SITES ET LES LIEUX : 50

P114-115
- LES FAITS ET LES ÉVÉNEMENTS : les Prussiens
- LES GUERRES ET LES BATAILLES : la Marseillaise
- LES HÉROS : duc de Valmy
- LES IDÉES, LES PHILOSOPHIES ET LES RELIGIONS : en sabots
- LA VIE QUOTIDIENNE : de préparer un complot

P116-117
- LES FAITS ET LES ÉVÉNEMENTS : les Montagnards
- LA VIE QUOTIDIENNE : les sans-culottes
- LES HÉROS : la carmagnole
- LES GUERRES ET LES BATAILLES : les prisonniers parisiens
- LES IDÉES, LES PHILOSOPHIES ET LES RELIGIONS : ils occupent les bancs les plus hauts de l'assemblée

P118-119
- LES FAITS ET LES ÉVÉNEMENTS : l'armée autrichienne
- LA VIE QUOTIDIENNE : Marat et Robespierre
- LES HÉROS : il trahit et passe à l'ennemi
- LES IDÉES, LES PHILOSOPHIES ET LES RELIGIONS : la Marseillaise
- LES SITES ET LES LIEUX : Nice

P120-121
- LES FAITS ET LES ÉVÉNEMENTS : la découverte d'une armoire secrète
- LES HÉROS : il est arrêté et enfermé au Temple
- LES GUERRES ET LES BATAILLES : d'attentat contre la sûreté de l'État
- LA VIE QUOTIDIENNE : il suit la messe
- LES SITES ET LES LIEUX : la place de la Concorde

P122-123
- LES FAITS ET LES ÉVÉNEMENTS : 6 ans
- LA VIE QUOTIDIENNE : les mathématiques et la physique
- LES GUERRES ET LES BATAILLES : l'Église
- LES IDÉES, LES PHILOSOPHIES ET LES RELIGIONS : les parents
- LES SITES ET LES LIEUX : Paris

P124-125
- LES FAITS ET LES ÉVÉNEMENTS : l'arrestation de 29 députés girondins
- LA VIE QUOTIDIENNE : les sans-culottes
- LES HÉROS : avocat
- LES GUERRES ET LES BATAILLES : les «Indulgents»
- LES IDÉES, LES PHILOSOPHIES ET LES RELIGIONS : les «Crêtois»

P126-127
- LES FAITS ET LES ÉVÉNEMENTS : la convention
- LA VIE QUOTIDIENNE : 800
- LES HÉROS : Talleyrand
- LES IDÉES, LES PHILOSOPHIES ET LES RELIGIONS : 1965
- LES ARTS ET LES MONUMENTS : les étalons

P128-129
- LES HÉROS : un révolutionnaire très dur
- LES GUERRES ET LES BATAILLES : des détenus sont tués
- LES FAITS ET LES ÉVÉNEMENTS : elle le poignarde
- LES IDÉES, LES PHILOSOPHIES ET LES RELIGIONS : l'ami du peuple
- LA VIE QUOTIDIENNE : citoyens, citoyennes

P130-131
- LES FAITS ET LES ÉVÉNEMENT : Wattignies
- LA VIE QUOTIDIENNE : le comité de Salut public
- LES HÉROS : il la réorganise
- LES GUERRES ET LES BATAILLES : le brouillard
- LES IDÉES, LES PHILOSOPHIES ET LES RELIGIONS : Robespierre

P132-133
- LES FAITS ET LES ÉVÉNEMENT : 21
- LES IDÉES, LES PHILOSOPHIES ET LES RELIGIONS : la loi des suspects
- LA VIE QUOTIDIENNE : de se marier
- LES GUERRES ET LES BATAILLES : la victoire à tout prix
- LES HÉROS : Robespierre

P134-135
- LES IDÉES, LES PHILOSOPHIES ET LES RELIGIONS : par les révolutionnaires
- LES FAITS ET LES ÉVÉNEMENTS : 300 000 hommes
- LES HÉROS : Jean Chouan
- LES GUERRES ET LES BATAILLES : les Bleus
- LA VIE QUOTIDIENNE : du sel

P136-137
- LES FAITS ET LES ÉVÉNEMENTS : les sabots
- LA VIE QUOTIDIENNE : la perruque
- LES HÉROS : David
- LES GUERRES ET LES BATAILLES : la prise de la citadelle de Carmagola
- LES IDÉES, LES PHILOSOPHIES ET LES RELIGIONS : tout en noir

P138-139
- LES HÉROS : la table, la chasse et la serrurerie
- LES FAITS ET LES ÉVÉNEMENTS : de fuir la France
- LES GUERRES ET LES BATAILLES : au palais des Tuileries, à Paris
- LES IDÉES, LES PHILOSOPHIES ET LES RELIGIONS : de trahison
- LA VIE QUOTIDIENNE : au docteur Guillotin

P140-141
- LES HÉROS : avocat
- LES FAITS ET LES ÉVÉNEMENTS : à prendre des décisions urgentes pour la sécurité du pays
- LES GUERRES ET LES BATAILLES : la violence et la terreur
- LES IDÉES, LES PHILOSOPHIES ET LES RELIGIONS : au couvent des Cordeliers
- LA VIE QUOTIDIENNE : à rayures

P142-143
- LES FAITS ET LES ÉVÉNEMENTS : des représentants de la Convention
- LA VIE QUOTIDIENNE : l'Angleterre
- LES HÉROS : la Fayette
- LES GUERRES ET LES BATAILLES : Valmy
- LES IDÉES, LES PHILOSOPHIES ET LES RELIGIONS : la Terreur

P144-145
- LES FAITS ET LES ÉVÉNEMENTS : l'enrôlement dans l'armée
- LA VIE QUOTIDIENNE : les Blancs
- LES HÉROS : officier de marine
- LES GUERRES ET LES BATAILLES : les Républicains ou les "Bleus"
- LES IDÉES, LES PHILOSOPHIES ET LES RELIGIONS : les paysans pauvres

P146-147
- LES FAITS ET LES ÉVÉNEMENTS : la loi des Suspects
- LA VIE QUOTIDIENNE : l'économie
- LES HÉROS : Marie-Antoinette
- LES GUERRES ET LES BATAILLES : sous la guillotine
- LES IDÉES, LES PHILOSOPHIES ET LES RELIGIONS : les paysans et artisans

P148-149
- LES FAITS ET LES ÉVÉNEMENTS : dans un étroit cachot
- LES HÉROS : Louis XVII
- LA VIE QUOTIDIENNE : elle l'encourage à fuir
- LES GUERRES ET LES BATAILLES : la Terreur
- LES IDÉES, LES PHILOSOPHIES ET LES RELIGIONS : d'avoir comploté avec l'étranger

P150-151
- LES FAITS ET LES ÉVÉNEMENTS : 13 ans
- LA VIE QUOTIDIENNE : un journal
- LES GUERRES ET LES BATAILLES : par tirage au sort
- LES IDÉES, LES PHILOSOPHIES ET LES RELIGIONS : il s'y oppose
- LES SITES ET LES LIEUX : Nantes

P152-153
- LES FAITS ET LES ÉVÉNEMENTS : la Conciergerie

204

L'HISTOIRE DE FRANCE

- **LA VIE QUOTIDIENNE** :
  ils sont victimes d'épidémies
- **LES HÉROS** :
  accusateur public
- **LES GUERRES ET LES BATAILLES** :
  1 500
- **LES SITES ET LES LIEUX** :
  les lépreux

P154-155
- **LES FAITS ET LES ÉVÉNEMENTS** :
  la Terreur
- **LA VIE QUOTIDIENNE** :
  40 000 morts
- **LES HÉROS** :
  "le Père Duchesne"
- **LES GUERRES ET LES BATAILLES** :
  prêtre
- **LES IDÉES, LES PHILOSOPHIES ET LES RELIGIONS** :
  pour leurs violence et leur vulgarité

P156-157
- **LES FAITS ET LES ÉVÉNEMENTS** :
  Robespierre
- **LA VIE QUOTIDIENNE** :
  il fixe des prix maximum
- **LES HÉROS** :
  il fixe le nombre des condamnés pour la journée
- **LES GUERRES ET LES BATAILLES** :
  guillotiné
- **LES IDÉES, LES PHILOSOPHIES ET LES RELIGIONS** :
  le Comité de Salut Public

P158-159
- **LES FAITS ET LES ÉVÉNEMENTS** :
  l'adoption du calendrier révolutionnaire
- **LA VIE QUOTIDIENNE** :
  les Réfractaires
- **LES HÉROS** :
  le culte de l'Être Suprême
- **LES GUERRES ET LES BATAILLES** :
  les Enragés
- **LES SITES ET LES LIEUX** :
  place de la Bastille

P160-161
- **LES FAITS ET LES ÉVÉNEMENTS** :
  la république Batave
- **LES HÉROS** :
  aucun, il est simple soldat
- **LES GUERRES ET LES BATAILLES** :
  à pied, car les canaux sont gelés
- **LES IDÉES, LES PHILOSOPHIES ET LES RELIGIONS** :
  la conspiration de Cadoudal
- **LES SITES ET LES LIEUX** :
  1830

P162-163
- **LES FAITS ET LES ÉVÉNEMENTS** :
  l'armée austro-hollandaise
- **LES HÉROS** :
  la guerre d'indépendance américaine
- **LES GUERRES ET LES BATAILLES** :
  en Hollande, Espagne et Italie
- **LES IDÉES, LES PHILOSOPHIES ET LES RELIGIONS** :
  la mort
- **LES SITES ET LES LIEUX** :
  en Belgique

P164-165
- **LES FAITS ET LES ÉVÉNEMENTS** :
  juin
- **LA VIE QUOTIDIENNE** :
  1 400
- **LES HÉROS** :
  l'oxygène
- **LES GUERRES ET LES BATAILLES** :
  le Comité de Salut Public
- **LES SITES ET LES LIEUX** :
  place de la Concorde

P166-167
- **LES FAITS ET LES ÉVÉNEMENTS** :
  c'est un conspirateur
- **LA VIE QUOTIDIENNE** :
  l'instruction publique
- **LES HÉROS** :
  l'Encyclopédie
- **LES IDÉES, LES PHILOSOPHIES ET LES RELIGIONS** :
  il ne vote pas la mort
- **LES SITES ET LES LIEUX** :
  un salon littéraire

P168-169
- **LES FAITS ET LES ÉVÉNEMENTS** :
  sa fonction de fermier général
- **LA VIE QUOTIDIENNE** :
  il a fait construire un mur autour de Paris pour éviter les fraudes

- **LES HÉROS** :
  25 ans
- **LES GUERRES ET LES BATAILLES** :
  pour produire de la poudre et de l'acier
- **LES IDÉES, LES PHILOSOPHIES ET LES RELIGIONS** :
  l'oxygène et l'azote

P170-171
- **LES HÉROS** :
  guillotiné
- **LES FAITS ET LES ÉVÉNEMENTS** :
  les enragés
- **LES IDÉES, LES PHILOSOPHIES ET LES RELIGIONS** :
  ministre de la Justice
- **LA VIE QUOTIDIENNE** :
  en recevant un coup de pied de cheval
- **LES GUERRES ET LES BATAILLES** :
  la levée en masse

P172-173
- **LES FAITS ET LES ÉVÉNEMENTS** :
  la Convention
- **LES GUERRES ET LES BATAILLES** :
  la Grande Terreur
- **LES HÉROS** :
  le Comité de Salut Public
- **LES IDÉES, LES PHILOSOPHIES ET LES RELIGIONS** :
  ils sont assis en haut de l'Assemblée
- **LA VIE QUOTIDIENNE** :
  par la noyade

P174-175
- **LES HÉROS** :
  simple soldat
- **LES GUERRES ET LES BATAILLES** :
  un débarquement
- **LA VIE QUOTIDIENNE** :
  teinturier
- **LES FAITS ET LES ÉVÉNEMENTS** :
  Napoléon Ier
- **LES IDÉES, LES PHILOSOPHIES ET LES RELIGIONS** :
  elle est entièrement renouvelée

P176-177
- **LES FAITS ET LES ÉVÉNEMENTS** :
  les régions de Lyon et de Marseille
- **LA VIE QUOTIDIENNE** :
  ils prennent d'assaut l'Assemblée
- **LES HÉROS** :
  la Compagnie de Jehu
- **LES GUERRES ET LES BATAILLES** :
  Bonaparte
- **LES IDÉES, LES PHILOSOPHIES ET LES RELIGIONS** :
  la Grande Terreur

P178-179
- **LES HÉROS** :
  un jeune marin
- **LES FAITS ET LES ÉVÉNEMENTS** :
  deux millions de francs
- **LES GUERRES ET LES BATAILLES** :
  d'Inde
- **LA VIE QUOTIDIENNE** :
  en Amérique
- **LES SITES ET LES LIEUX** :
  dans les plantations

P180-181
- **LES FAITS ET LES ÉVÉNEMENTS** :
  aucun résultat
- **LA VIE QUOTIDIENNE** :
  125 grammes
- **LES HÉROS** :
  décapité
- **LES GUERRES ET LES BATAILLES** :
  20 000
- **LES SITES ET LES LIEUX** :
  du Faubourg Saint-Antoine

P182-183
- **LES FAITS ET LES ÉVÉNEMENTS** :
  la tuberculose
- **LA VIE QUOTIDIENNE** :
  un sans-culotte
- **LES HÉROS** :
  c'est son frère
- **LES GUERRES ET LES BATAILLES** :
  ils ont les yeux bleus et les cheveux blonds
- **LES IDÉES, LES PHILOSOPHIES ET LES RELIGIONS** :
  la monarchie absolue d'Ancien Régime

P184-185
- **LES FAITS ET LES ÉVÉNEMENTS** :
  les Chouans
- **LES GUERRES ET LES BATAILLES** :
  les "colonnes infernales"
- **LES HÉROS** :
  palefrenier du roi
- **LA VIE QUOTIDIENNE** :
  La Fayette

- **LES IDÉES, LES PHILOSOPHIES ET LES RELIGIONS** :
  la Terreur

P186-187
- **LES FAITS ET LES ÉVÉNEMENTS** :
  encercler les Tuileries
- **LA VIE QUOTIDIENNE** :
  "la Manufacture"
- **LES HÉROS** :
  26 ans
- **LES GUERRES ET LES BATAILLES** :
  à Quiberon
- **LES IDÉES, LES PHILOSOPHIES ET LES RELIGIONS** :
  l'Ancien Régime

P188-189
- **LES FAITS ET LES ÉVÉNEMENTS** :
  cinq directeurs
- **LA VIE QUOTIDIENNE** :
  les prélèvements sur les pays occupés
- **LES HÉROS** :
  il soutiendra Bonaparte
- **LES GUERRES ET LES BATAILLES** :
  le 18 Brumaire An VIII
- **LES IDÉES, LES PHILOSOPHIES ET LES RELIGIONS** :
  le pouvoir personnel d'un homme

P190-191
- **LES GUERRES ET LES BATAILLES** :
  10 000
- **LES HÉROS** :
  il écrase une insurrection royaliste à Paris
- **LES FAITS ET LES ÉVÉNEMENTS** :
  il se comporte en véritable roi
- **LA VIE QUOTIDIENNE** :
  1870
- **LES SITES ET LES LIEUX** :
  il prend à revers ses ennemis

P192-193
- **LES FAITS ET LES ÉVÉNEMENTS** :
  par une insurrection dans l'armée
- **LES GUERRES ET LES BATAILLES** :
  2
- **LES HÉROS** :
  il tente de se suicider
- **LES IDÉES, LES PHILOSOPHIES ET LES RELIGIONS** :
  la propriété privée de la terre
- **LA VIE QUOTIDIENNE** :
  le Directoire

P194-195
- **LES FAITS ET LES ÉVÉNEMENTS** :
  en Italie
- **LA VIE QUOTIDIENNE** :
  18 millions
- **LES HÉROS** :
  le pape Pie VI
- **LES GUERRES ET LES BATAILLES** :
  en Italie
- **LES IDÉES, LES PHILOSOPHIES ET LES RELIGIONS** :
  propager les idées révolutionnaires

P196-197
- **LES FAITS ET LES ÉVÉNEMENTS** :
  la conscription
- **LA VIE QUOTIDIENNE** :
  des volontaires
- **LES HÉROS** :
  en Amérique
- **LES GUERRES ET LES BATAILLES** :
  Bonaparte
- **LES IDÉES, LES PHILOSOPHIES ET LES RELIGIONS** :
  cinq directeurs

P198-199
- **LES GUERRES ET LES BATAILLES** :
  à la flotte anglaise
- **LES HÉROS** :
  en Italie
- **LES FAITS ET LES ÉVÉNEMENTS** :
  à un débarquement
- **LES IDÉES, LES PHILOSOPHIES ET LES RELIGIONS** :
  les hiéroglyphes
- **LA VIE QUOTIDIENNE** :
  les Anglais ont coulé la flotte française

P200-201
- **LES FAITS ET LES ÉVÉNEMENTS** :
  en Syrie
- **LA VIE QUOTIDIENNE** :
  il les fait empoisonner
- **LES HÉROS** :
  apprenti teinturier
- **LES GUERRES ET LES BATAILLES** :
  les janissaires
- **LES IDÉES, LES PHILOSOPHIES ET LES RELIGIONS** :
  pour couper la route des Indes aux Anglais

INDEX

I - LA RÉVOLUTION FRANÇAISE : UNE ÉTAPE CRUCIALE DE L'HISTOIRE DE FRANCE 9

La journée des Tuiles à Grenoble 10
La France entière écrit ses doléances au roi 12
La Fayette commandant de la garde nationale 14
Mirabeau, un révolutionnaire fidèle au roi 16
La société française divisée en ordres 18
Le 5 mai 1789, Louis XVI ouvre les Etats Généraux ... 20
La création de l'assemblée nationale 22
Le serment des députés 24
Bailly, astronome et maire de Paris 26
Le peuple en colère prend la Bastille 28
Les paysans attaquent les châteaux de leur seigneur 30
L'abolition du régime seigneurial 32
La déclaration des droits de l'homme et du citoyen 34
Le peuple de Paris ramène le roi aux Tuileries 36
La nationalisation des biens du clergé 38
La Révolution invente les assignats 40
Le duc d'Orléans devient Philippe Egalité 42
Le rôle des Jacobins sous la Terreur 44
Les poètes mettent en vers la Révolution 46
David ou l'art au service de la Révolution 48
La commune de Paris gouverne la capitale 50
L'abbé Grégoire, prêtre révolutionnaire 52

La Révolution accorde la liberté de la presse 54
La Révolution met fin au désordre administratif 56
La conspiration du marquis de Favras 58
Le club des Cordeliers 60
Les révolutionnaires fêtent leur victoire 62
Le drapeau bleu, blanc, rouge 64
La création des clubs révolutionnaires 66
Les révolutionnaires s'organisent en sections 68
Fouché, révolutionnaire sans scrupules 70
Talleyrand : l'art de trahir et rester au pouvoir 72
La constitution met fin à la monarchie absolue 74
Les chevaliers du poignard au secours du roi 76
La loi Le Chapelier interdit les corporations 78
Louis XVI est arrêté par des révolutionnaires 80
La fusillade du Champ-de-mars 82
Les juifs de France reconnus citoyens 84
Les Girondins, révolutionnaires sans violence 86
La folie des jeux s'empare des Parisiens 88
Bonaparte chasse les Anglais de Toulon 90
La Marseillaise devient le chant des révolutionnaires ... 92
Toussaint Louverture et la révolte des esclaves 94

II - DE LA TERREUR À BONAPARTE 97

La guillotine, instrument de la Terreur .... .98
La Révolution invente un calendrier 100
Saint-Just, disiple fidèle de Robespierre 102
Les sans-culottes gardiens de la Révolution 104
La France déclare la guerre à l'Autriche 106
Défendre la "patrie en danger" 108
Les Parisiens arrêtent Louis XVI et sa famille 110
1500 détenus massacrés dans les prisons 112
A Valmy, l'armée française sauve la Révolution 114
Naissance de la première république 116
La Révolution à l'assaut des Pays-Bas autrichiens 118
Trois jours pour mener Louis XVI à l'échafaud 120
L'instruction obligatoire et gratuite 122
Les Montagnards défendent la Terreur 124
La Révolution invente le système métrique 126
Marat, l'ami du peuple poignardé dans sa baignoire ... 128
Carnot sauve la France d'une invasion étrangère 130
Le comité de Salut public impose la terreur 132
Les chouans restent fidèles au roi 134
La Révolution impose sa mode vestimentaire 136
Louis XVI guillotiné place de la Révolution 138
Danton arrêté et guillotiné 140
La trahison de Dumouriez 142
La Vendée catholique refuse la Révolution 144
Robespierre instaure la Terreur 146
Marie-Antoinette, la reine mal aimée 148

Les Français touchés par la fièvre du mariage 150
Les prisons sous la Révolution 152
Hébert et les enragés partisans de la Terreur 154
Fouquier-Tinville, accusateur public sans pitié 156
La Révolution contre l'Eglise 158
Pichegru, simple soldat puis général conquérant 160
La conquête de la Belgique 162
La Grande Terreur ou la Révolution criminelle 164
Condorcet, contre la violence révolutionnaire 166
"La République n'a pas besoin de savants" 168
Un grand acteur de la Révolution 170
Robespierre mis à mort 172
Hoche met fin au soulèvement des Vendéens 174
Les sans-culottes victimes à leur tour 176
Surcouf, le corsaire terreur des Anglais 178
La révolte des sans-culottes 180
La mort mystérieuse de Louis XVII au temple 182
Echec des royalistes contre-révolutionnaires 184
La dernière insurrection parisienne 186
Bonaparte met fin au Directoire 188
Bonaparte remporte des victoires décisives 190
Babeuf : de la conspiration à la guillotine 192
Bonaparte crée les républiques sœurs 194
Jourdan impose le service militaire obligatoire 196
Bonaparte au pied des pyramides d'Egytpe 198
L'échec de Bonaparte à Saint-Jean-d'Acre 200